CHARLES ANDLER

LE SOCIALISME IMPÉRIALISTE

DANS

L'ALLEMAGNE CONTEMPORAINE

Dossier d'une Polémique

avec

JEAN JAURÈS

(1912-1913)

EN VENTE

AUX ÉDITIONS BOSSARD

13, RUE MADAME, PARIS (VIe)

1918

LE
SOCIALISME IMPÉRIALISTE
DANS
L'ALLEMAGNE CONTEMPORAINE

COLLECTION DE « L'ACTION NATIONALE »

CHARLES ANDLER

LE SOCIALISME IMPÉRIALISTE

DANS

L'ALLEMAGNE CONTEMPORAINE

Dossier d'une Polémique
avec
JEAN JAURÈS
(1912-1913)

EN VENTE

AUX ÉDITIONS BOSSARD

43, RUE MADAME, PARIS (VIᵉ)

1918

INTRODUCTION

> Aengstlich aber ist es anzusehen, wenn ein starker Charakter, um innerlich wahr zu sein, das Wirkliche für eine Lüge erklaert.
>
> GOETHE : *Werke*, éd. du Centenaire de Schiller, 1905, t. *40*., p. 266 (sur Newton).

Si, au bout de cinq années, et à la suggestion du très éminent directeur de l'*Action Nationale*, M. T. Steeg, je remets à la disposition du public les pièces, éparses aujourd'hui et difficilement accessibles, d'un vieux procès, ce n'est pas dans une pensée de justification personnelle. Les erreurs que je peux avoir commises, bien que je ne les aperçoive pas, sont déférées en entier à l'appréciation publique, comme les erreurs de mes contradicteurs. Avant tout, il s'agit de fixer quelques points d'histoire et de doctrine ; et peut-être le litige comporte-t-il un enseignement qui le dépasse. Insignifiant dans son contenu premier, il a été une sorte d'*incident de Saverne* du parti socialiste international. Il a éclairé des antagonismes profonds et brutaux. Il a posé des problèmes de méthode qu'un grand parti politique ne peut méconnaître à la longue et que le parti socialiste français n'a pu que par de pauvres habiletés normandes éluder jusqu'à ce jour.

On rencontre, dans les sections, de vieux militants, des vieux de la vieille, qui disent, après avoir longtemps réfléchi : « Les choses vont mal dans le parti socialiste, depuis que Jaurès a exécuté Andler. » Combien de fois croit-on qu'on m'a rapporté de ces propos d'inconnus ! Inintelligibles à nos augures, ils ont, chez ces vieux ouvriers, un sens profond. Ils ne veulent pas dire seulement que Jaurès en 1913 s'est trompé sur l'appréciation d'un fait historique, et qu'une injustice a été commise, sans réparation, à l'endroit d'un socialiste sincère. De cela ces hommes rugueux, qui en ont vu d'autres, n'ont pas grand souci. Il est arrivé à plus d'un chef de parti de se tromper sur des faits. Jaurès n'était pas tous les jours d'humeur à aller sur

le pré des discussions doctrinales avec une tenue parfaitement chevaleresque. Peut-être, autour de lui, la lui aurait-on déconseillée. Ce
que sentent ces vieux militants, c'est qu'une
orientation était esquissée par l'attitude de Jaurès en 1913, qui est cause que le parti socialiste
va au discrédit public et à la décomposition
interne.

On s'est demandé souvent, depuis le début
de la guerre, ce que ferait aujourd'hui Jaurès.
L'attitude adoptée par Jaurès en 1913 nécessiterait qu'il siégeât aujourd'hui près de MM. Brizon ou Raffin-Dugens, qu'il courût à Kienthal et
à Zimmerwald. Si nous avons assez connu notre
ami, il n'était pas l'homme de cette politique de
verbalisme maximaliste. Nous croyons qu'il
aurait été aujourd'hui pour notre défense nationale une puissante force d'impulsion ; une
sorte de Gambetta aux pensées élargies, adapté
à des problèmes encore plus vastes que ceux de
1870 ; un grand excitateur d'énergies et le seul
homme qui, aux côtés de Lloyd George, aurait
trouvé des paroles assez magnifiques pour porter au président Wilson le message de la justice

et de la liberté européennes. Alors son attitude de 1913 n'est pas intelligible. Ou plutôt, elle ne traduit pas sa politique propre. Elle lui a été suggérée du dehors, par un entourage français ou étranger qui ne demande qu'à renouer à nos dépens, si nous n'y prenons garde, des pactes d'erreur. S'il y a quelque chose que je me propose fermement dans l'avenir, c'est d'élever la voix, quand cet événement se renouvellera.

J'admets pour ma part la sincérité entière de Jaurès. Ce serait la contester que d'affirmer, avec Romain Rolland, sur la foi de preuves introuvables pour moi, que Jaurès a eu « la prévision de l'attitude domestiquée que garderait en cas de guerre, la social-démocratie allemande » (1). Si Jaurès a été sincère, il a cru que partout les peuples étaient résolus et de force à prendre en mains la conduite des affaires nationales par la Révolution en cas de guerre :

Dans les pays mêmes, écrivait-il, où l'autorité est le plus solide (et Jaurès voulait dire l'Allemagne),

----

(1) ROMAIN ROLLAND, *Au-dessus de la mêlée*, 1915, p. 175.

des forces populaires s'accumulent et montent qui ne permettront plus de dire que les effets révolutionnaires de la guerre seront limités aux pays latins. Il n'est plus de caste, il n'est plus de classe, en quelque pays de l'Europe que ce soit, qui puisse jouer sans péril avec le feu de la guerre. Et ce n'est pas une action internationale, c'est un *mouvement révolutionnaire* que l'Internationale veut opposer aux puissances d'agression. Quelle aberration de la combattre et de la calomnier (1) !

S'il y a des preuves qui contredisent des textes aussi formels, nous souhaitons puissamment que Romain Rolland les produise. Car alors le litige étroit et violent, dont la poussière achève de s'évaporer dans ces pages, n'aurait jamais eu aucun sens.

La vérité est que Jaurès, ou l'entourage où il s'est trop complu en 1913, estimait déjà que l'on calomniait et que l'on combattait l'Internationale, quand on refusait, étant du parti socialiste, de partager sa belle certitude. Il exigeait là-dessus l'unanimité, non pas seulement disciplinée, mais religieuse. Et c'est là où l'on frôle des difficultés graves proposées non seulement

____

(1) J. JAURÈS, *L'Armée Nouvelle*, 1ʳᵉ édition, p. 569.

à la conduite d'un parti déterminé, mais à l'étude sociologique de tous les partis politiques.

Un socialiste entré dans le parti socialiste il y a vingt-neuf ans — et c'est mon cas — apprenait dans les groupes d'études si épars, mais si fervents, où se déroulait alors la vie des organisations socialistes françaises, qu'un parti ouvrier (par exemple, le parti possibiliste français) était là l'état permanent de *referendum*. Tout citoyen documenté et fortement imbu de l'intérêt public pouvait ramener sans cesse devant les groupes les points de doctrine les plus anciennement discutés. Il y avait là une large tolérance, ou plutôt une croyance vraiment authentique en la fécondité d'une inspiration, par laquelle ont besoin de se renouveler même les enseignements les plus fixés. Ainsi chez les premiers chrétiens, quand la foi vivait dans les consciences et n'était pas encore un catéchisme qu'on ânonne d'après des délibérations de Conciles, celui-là qui était saisi par l'esprit avait toujours le droit de parler, et l'Ancien, le prêtre établi par le vote, faisait silence. Aujourd'hui, pas plus dans le parti unifié que dans l'Eglise, on n'a le droit de délibérer sur ce qui est l'arrêt des Conciles. A tout le moins dans le parti socialiste international, et dans la section française plus que dans une autre, considérait-on comme étrangement indiscrète l'intervention d'un travailleur solitaire en des affaires qu'un accaparement traditionnel réservait aux seuls « chefs responsables ». A entendre ces chefs, les « nécessités de l'action quotidienne » étaient seules propres à former le jugement ; et toute appréciation devait se faire contrôler d'abord par la leur.

L'historien que je suis ne peut s'étonner d'une pareille aventure. Il se reproduit là une situation bien connue de ceux qui ont étudié le rôle des humanistes de la Renaissance, obligés de se frayer un chemin de libre pensée, à travers les fureurs déchaînées des Eglises et des sectes. L'intolérance collective est aujourd'hui dans le socialisme unifié ce qu'elle a été très vite dans l'Eglise catholique, à partir du jour où se sont soudés les groupes disjoints de la communauté primitive, ou ce qu'elle est redevenue dans le protestantisme, le jour où ses Réformateurs ont décidé d'en faire une Eglise de masses unifiée, et non pas un mobile groupement de foyers où aurait dû s'intensifier, sans autre autorité que l'inspiration, la vie de l'esprit. Entre ces Eglises rivales, les humanistes indiquaient un autre chemin, qui eût épargné trois siècles de tâtonnement. Nous avons moins de mérite à appliquer leur méthode qu'ils n'ont encouru de périls à la créer.

Mais l'abus que l'on fait de la crédulité des multitudes est le même ; et c'est en leur nom qu'il faut protester contre ces « nécessités de l'action », derrière lesquelles se cache une pensée machiavélique de domination. Les chefs sont à leur façon des évêques. Ils décident de ce qu'il est permis ou défendu de croire. Je n'incrimine ici chez Jaurès qu'une faiblesse de bon camarade, qu'on lui a souvent connue, et qui a tant contribué au charme de son caractère. Mais je demeure définitivement l'accusateur de ceux qui s'abritaient derrière lui. Je ne me plaindrais pas même d'avoir été piétiné dans cette bagarre, comme par un troupeau de buffles qui charge, s'il avait pu résulter de là une conquête, je ne dis pas pour le parti socialiste, condamné à périr ou à se métamorphoser, mais pour l'idée socialiste qui est impérissable. Le simple citoyen, qui n'a pas à sa disposition de situation électorale et auquel a été refusé systématiquement le droit de s'exprimer dans la presse socialiste, a toutefois le devoir, pour contribuer à assainir nos mœurs politiques, de s'opposer par tous les moyens à cette « organisation » des consciences, qu'il n'appartient à aucun parti, ni à aucune coterie de chefs, d'accaparer.

Si de l'incident, dont je réédite aujourd'hui le dossier, un enseignement peut se dégager, j'ai d'abord à dire ce que je sais des faits ; et ensuite la signification générale que ces faits ont revêtue à mes yeux depuis le jour où ils se sont écoulés.

I

MM. Gabriel Séailles et Mony Sabin, de la part de M. T. Steeg, m'avaient demandé, en mars 1912, un article pour l'*Action Nationale*, récemment fondée. Leur revue, qui a été tout de suite une des revues dirigeantes de l'opinion républicaine de gauche, très ouverte sur les problèmes sociaux, souhaitait une monographie sur des questions à l'ordre du jour dans la vie doctrinale ou politique du socialisme allemand. Je leur parlai d'un théoricien alors nouveau, Gerhard Hildebrand ; du bruit soulevé par sa récente excommunication que regrettaient tant de ses camarades. Une centaine des socialistes allemands les plus notoires, y compris Bernstein, travaillaient à ce que cet impérialiste fût réintégré dans le parti. Important symptôme. Était-il opportun de le signaler ? Il fallait accepter le risque du mauvais accueil. Peut-être ne croyais-je pas tout à fait à ce risque, mais je croyais, je crois encore à l'importance doctrinale des livres de Gerhard Hildebrand.

Gravement malade, je n'ai pu écrire tout de suite les articles promis. Je les ai écrits en octobre avec une verve de convalescent, mais aussi avec l'amertume que m'avaient laissée des faits observés en Alsace cet automne-là ; avec le souvenir enfin de la conduite, entachée, selon moi, de plus d'une lâcheté, qu'avait tenue le parti socialiste allemand en 1911. Le reflet de ces souvenirs colore mes articles d'alors. Il n'en faisait nullement la substance. Quand l'*Action Nationale* les publia en novembre 1912, le calme politique était profond : aucune émotion ne semblait devoir être suscitée par ma modeste étude. La guerre balkanique elle-même ne paraissait pas à l'horizon. Quand elle parut, ce fut tout de suite une explosion soudaine. Mais l'opinion de toutes les nations était unanime à penser qu'une guerre européenne n'en devait pas sortir. En aucun pays la volonté de tous n'était pacifique autant qu'en France. La volonté française était si complètement tendue vers la paix qu'elle ne prenait garde à aucun autre fait. En dehors de quelques personnes qui s'intéressaient à l'histoire des doctrines sociales (et qui n'étaient pas légion, j'ose le dire, dans le parti socialiste), de qui cet essai très spécial dans une Revue nouvelle aurait-il attiré l'attention ? Le contraire serait pour surprendre.

Il arriva que l'Autriche-Hongrie mobilisa une fois de plus, pour empêcher la Serbie victorieuse d'occuper le Sandjak. Le Bureau socialiste international jugea bon de convoquer un congrès extraordinaire à Bâle. Je n'ai pas autrement de prévention contre cette sorte de fêtes carillonnées. Quand les événements européens tournent à bien, il est rare que l'Internationale, après en avoir glosé dans un congrès, ne se fasse pas un mérite de leur heureux dénouement ; et quand ils tournent mal, elle peut au moins se targuer d'en avoir été la Cassandre, à la fois inutile et communément mal embouchée. Cette fois, le parti socialiste international mit un soin spécial à la mise en scène. Toutes les diplomaties européennes suaient sang et eau pour maintenir la paix. La diplomatie allemande elle-même n'avait pas démasqué sa brutalité machiavélique, soit qu'elle jugeât l'heure moralement mauvaise, après le discrédit que lui avait valu le « coup d'Agadir », soit que les militaires allemands n'eussent pas terminé la construction de leur artillerie lourde. Comme l'Entente souhaitait la paix profondément et que l'Austro-Allemagne à tout le moins ne voulait pas encore précipiter la guerre, le succès de la manifestation de Bâle était certain. Il suffisait, comme on le fit, de dénoncer dans les efforts des diplomates des « parades pacifistes » insincères et de dire que les gouvernements bourgeois sans distinction « poussaient à la guerre, tout en la craignant ». Si la conflagration tardait, les menaces qu'on brandirait contre la préparation occulte de la guerre, passeraient, aux yeux du prolétariat, pour l'avoir empêchée.

Le Socialisme international était donc résolu à menacer d'autant plus fort qu'on sentait déjà le danger s'éloigner dans un grondement d'orage. Il saisit avec avidité l'occasion qui fuyait. Les augures les plus notoires firent leur valise en hâte, déclarant qu'on vivait des « heures tragiques ». En se regardant, au départ des trains, ils se regardaient sans rire, avec des secrets diplomatiques sous les sourcils.

A Bâle, on fit des cortèges imposants. Les plus grandes voix du socialisme mugirent sous les voûtes de la cathédrale comme des orgues. Avec cette admirable prévision qui nous fait si bien augurer du temps où les partis ouvriers conduiront les délibérations diplomatiques internationales, Troelstra, Hollandais, nous apprit que « si la Russie faisait une grande guerre, elle élèverait des prétentions sur le territoire scandinave, et que, si l'Angleterre et l'Allemagne venaient à se combattre, la Hollande leur servirait de champ de bataille » (1). L'Allemand Haase déclara qu'il était indifférent au monde que les Serbes eussent un corridor vers un port sur l'Adriatique, c'est-à-dire qu'il était indifférent qu'un petit peuple, un de ceux que l'Internationale déclarait prendre sous sa protection, fût jugulé économiquement par l'Autriche. Là-dessus, sans s'arrêter à la mobilisation autrichienne, il dénonça l' « audace inouïe » de la politique suivie par le « tsarisme corrompu » en Mongolie. Il faut ajouter qu'il promit, pour finir, qu' « aucun traité d'alliance ne pouvait obliger le peuple allemand » à « verser le sang d'un seul prolétaire pour assouvir le désir de conquête et la soif d'honneur et de gloire de certaines cliques ». Le traité qu'il vou-

---

(1) *Compte rendu du Congrès International de Bâle*, dans *le Bulletin périodique du Bureau socialiste international*, 4ᵉ année, nᵒ 10, p. 13.

lait déchirer n'était pas celui par lequel l'Allemagne garantissait la neutralité belge, mais le traité d'alliance si visiblement offensif qui la liait à l'Autriche. On a vu comment le prolétariat allemand a tenu parole. La délégation autrichienne, dès lors, commença à trahir : Elle eut le front de soutenir que seul « l'ennemi héréditaire et sans merci de la civilisation européenne, le tsarisme russe, préparait la guerre » (1). Le parti socialiste roumain, dirigé par un Bulgare germanophile, affirmait, au mépris de toute l'histoire du dix-neuvième siècle, que jamais « les grands États n'avaient songé à mettre sérieusement fin à l'anarchie et à la tyrannie de la Turquie ». Il cachait avec un soin jaloux que la seule Allemagne avait contrecarré les efforts désintéressés des États-Unis, de l'Angleterre et de la France pour mettre fin aux massacres de Macédoine et d'Arménie. La puissance la plus sourdement intrigante de toutes et la plus avide fut donc celle que personne n'osa incriminer. Le Congrès communia

____

(1) *Ibid.*, p. 8.

dans une véritable religion de la confiance accordée à l'Allemagne.

La social-démocratie allemande, en effet, se portait garante de ses gouvernants. A leur tour, des orateurs de diverses autres nations se portèrent garants de la social-démocratie allemande. Le chef du parti socialiste suisse, un Allemand naturalisé, Hermann Greulich, déclara :

Les 4 millions 1/4 de voix social-démocrates qui existent dans l'Etat central du militarisme européen, l'Allemagne, sont une superbe garantie de la paix des peuples. *(Bravos.)* (1).

La social-démocratie, comme la cour de Berlin, a ses princesses du sang et ses princes-consorts qu'elle établit au dehors pour faire prévaloir sa politique. Hermann Greulich a été le prince-consort choisi pour féconder la social-démocratie suisse. La diplomatie allemande n'y a rien perdu, puisque de cette union a pu naître la politique d'un autre Allemand naturalisé, Robert Grimm.

---

(1) *Compte rendu* cité, p. 5.

A peine Greulich eut-il parlé que l'émotion religieuse déborda. Émile Durkheim seul aurait trouvé des mots pour décrire cette psychose collective où baignaient les âmes. Le compte rendu officiel signala que les « vénérables vitraux de la cathédrale projetaient des reflets magiques » dans le clair-obscur. Peut-être le clergé protestant qui avait prêté le lieu de réunion auguste, eut-il quelque surprise des remerciements qu'il recueillit. Le Danois Borgbjerg commença avec tact :

Les prêtres, dit-il, ne supprimeront pas la guerre, parce que l'Eglise chrétienne est à la solde des puissances laïques. De plus on peut douter que l'Eglise ait contribué à adoucir les mœurs.

Bebel montant en chaire, avec des gestes de bénédiction, affirma que « si le Sauveur revenait aujourd'hui, il serait, non pas avec les chrétiens, mais avec les socialistes ». Il ne dit pas tout à fait que ce Christ nouveau s'incarnerait en Auguste Bebel ; mais tout le monde comprit que Bebel et les socialistes seraient seuls assis à sa droite.

L'idéal annoncé par le Christ, ajoutait Borgbjerg, a été repris par la social-démocratie (1).

Ce sont là les compliments auxquels doivent s'attendre les hommes assez ingénus pour prêter des cathédrales ; et, pour le reste, ils feront bien de relire *Ein wahrhaft guter Mensch*, comédie d'Otto-Erich Hartleben.

Jaurès pourtant, par une allusion au poème de Schiller et à une vieille croyance de folk-lorie qui attribue aux cloches le pouvoir de détourner la foudre, soutint que les cloches de Bâle briseraient les foudres de la guerre, « et que l'Internationale représentait *toutes* les forces morales de l'univers ». Anseele, plus audacieux encore, avait dit au préalable, en style belge :

L'Internationale est assez forte pour parler sur ce ton de commandement aux dirigeants *(Tempête d'applaudissements) et pour faire suivre les actes à la parole (sic)* (2).

Il est toujours nécessaire en politique de joindre les actes aux paroles. L'humble observateur que j'étais ne croyait pas à cette force

____

(1) *Ibid.*, p. 6 et 12.
(2) *Ibid.*, p. 3.

redoutable de l'Internationale. J'avais en haine, alors comme aujourd'hui, cette grandiloquence inutilement comminatoire et qui masquait une faiblesse connue de l'ennemi. Il me faudra toujours, comme historien, enseigner, souligner, réitérer la différence qu'il y a entre une *manifestation oratoire* et une *action politique réelle*. Si je ne méconnais pas l'utilité des *manifestations*, cette utilité est cependant d'une autre espèce que celle de l'*action politique*. Le Congrès de Bâle a été toujours à mes yeux une pathétique manifestation oratoire que déparent d'innombrables sornettes, et qui dès le premier jour risquait d'induire les classes ouvrières dans des erreurs néfastes sur leur pouvoir réel. On s'expliquera ainsi la note finale de mon article de décembre 1912 (1), celle dont Jaurès a témoigné le plus d'impatience (2).

Je ne relis pas moi-même aujourd'hui sans émotion les paroles prononcées par lui en finissant, et qui, en ce qui le concerne, eurent une si désolante vérification :

---

(1) Voir *Action Nationale*, décembre 1912, p. 1070.
(2) Voir le 3e article de Jaurès.

Si jamais sonne l'heure tragique où nous devions nous donner tout entier (1), la conscience de cette vérité nous soutiendrait et nous fortifierait. Nous ne disons pas à la légère, mais nous déclarons du plus profond de notre être, que nous sommes prêts à tous les sacrifices.

Son erreur foncière était de croire que tous, et notamment dans la social-démocratie allemande, avaient le même dévouement, appuyé sur la même conscience. Comment m'étonnerais-je que mon scepticisme ait froissé en lui une sensibilité si profonde ? Il avait écrit autrefois :

Notre devoir est *d'abord* d'affirmer notre foi dans la démocratie allemande et dans le triomphe pacifique de la justice; ensuite de travailler avec passion au développement de la démocratie française (2).

Cette foi était restée celle de sa vie. Mais le devoir de l'historien n'est jamais *d'abord* de *croire*. Il est de *vérifier* ; puis, comme citoyen, de travailler à la justice sans illusoire espérance.

----

(1) *Compte rendu* cité, p. 12. On remarquera dans le texte le mot si tragiquement laissé au singulier.

(2) JAURÈS, *Paix et Revanche*, article du 3 décembre 1887 (*Action socialiste*, 1899, p. 338).

Nos attitudes, différentes comme nos tempéraments et peut-être comme notre culture, devaient-elles pour cela être hostiles ? Je ne l'ai jamais pu comprendre. Dans cette question de l'Impérialisme, posée avec acuité par quelques groupements socialistes d'Allemagne, je conviais Jaurès, avec une infinie confiance, à prendre en mains le travail de vérification et peut-être de redressement nécessaire. Ce travail avait été médiocrement tenté à Chemnitz par des solutions auxquelles se refusaient les socialistes les plus compétents de l'aile droite révisionniste. Comment pouvait-il être interdit de le reprendre ? Passe encore que Jaurès m'ait répondu pendant des mois par le silence total. Comment, en mars, a-t-il pu se déchaîner en d'impétueux articles ? Voici le peu que je sais au sujet des raisons bonnes ou mauvaises qui ont pu motiver son attaque.

C'était le moment où le conflit s'engageait à la Chambre française sur la loi de trois ans. Qu'avait de commun avec cette discussion l'analyse des doctrines du socialisme allemand ? Il est inimaginable qu'on ait pu établir entre les deux questions le moindre lien. Je l'ai moins admis encore, lorsqu'on sut les tractations engagées alors entre le parti socialiste français et la social-démocratie en matière d'armements. Quand on est un parti français puissant, ministrable, et avec lequel compte le gouvernement, nouer un pacte avec un parti allemand d'une « formidable impuissance »; négocier sur les matières de la défense nationale avec ce parti allemand, qui, malgré ses hurlements, a été incapable de faire jamais aboutir une seule de ses tentatives de résistance ; se solidariser avec un parti étranger qu'on savait déjà résolu à livrer une simple escarmouche pour contester le principe des nouveaux impôts de guerre, tandis qu'il accorderait l'assiette de ces mêmes impôts : c'était là ce Kienthalisme d'avant-guerre, qui a, pour conséquence obligée, le Kienthalisme d'aujourd'hui. L'erreur des Kienthaliens actuels n'est pas plus énorme d'ignorer l'absence de contre-partie allemande à leur chimérique tentative que n'a été l'aberration de tout le parti socialiste français en 1913, quand il signa le manifeste bilingue par lequel il croyait ouvrir une « ère nouvelle ».

Il semble que de vives discussions se soient engagées à ce sujet dans les couloirs du Palais-Bourbon. Un publiciste de la *France*, M. Emile Buré, socialiste indépendant, signala mes articles de l'*Action Nationale* à ses collègues du *Temps*. M. André Tardieu en tira parti, et, peu après, M. Ernest Judet, dans l'*Eclair*. Je lisais peu ces deux journaux. Ils faisaient de ma prose l'usage qu'ils jugeaient propre à servir leur politique. Je ne pouvais nullement les en empêcher. Il va sans dire que si l'on a pu, au préjudice du socialisme international, exploiter les textes nombreux et certains que j'avais apportés, les socialistes n'avaient qu'à s'en prendre à eux-mêmes. Il arrivait ce qui était arrivé aux protestants allemands, depuis une vingtaine d'années. S'ils avaient fait, au cours du XIXᵉ siècle, une consciencieuse besogne historique, s'ils n'avaient vulgarisé de Luther et du luthéranisme une image faussée par l'apologie, comment des historiens catholiques, Janssen, le P. Denifle, le P. Grisar, auraient-ils pu dévoiler des faits de décadence sociale sur lesquels l'historiographie protestante avait trop fait le silence ? Et comment s'attendre à ce que ces historiens catholiques fissent leurs révélations avec bienveillance ?

J'ai tâché d'être, dans un essai très court, un historien, je ne dirai pas clairvoyant, mais soucieux d'éviter les mécomptes ultérieurs. On verra combien était petite la fissure que j'avais discernée dans le socialisme allemand. Je savais de façon sûre l'existence d'une aile droite impérialiste. Quelle en était l'importance ? Comment savoir ce que pensent tous les électeurs socialistes d'Allemagne ? Les quatre millions de voix recueillies aux élections par la social-démocratie sont-elles de pures voix socialistes ? Personne ne l'avait jamais cru, ni en France, ni en Allemagne. Brusquement, on prétendit nous imposer cette croyance. Il fut défendu de penser que la social-démocratie, impuissante toujours, et traversée de remous divers, était peut-être sujette à des régressions chauvines. Là-dessus, des heurts se produisirent entre radicaux et socialistes.

Aux chimères de Bâle se joignait chez les socialistes, le vieux *leit-motiv* jaurésiste : « Avons-nous foi dans la démocratie allemande ? Avons-nous foi dans la démocratie française ? Si elles grandissent toutes deux, il est impossible qu'un accord n'intervienne pas. » Toute la difficulté était de savoir si elles grandissaient toutes les deux, non par les effectifs seulement, mais par l'*influence* (1).

J'étais disposé, pour ma part, à accorder un crédit assez large à ces sympathies démocratiques ou ouvrières qui faisaient cortège au socialisme organisé. Mais personne ne pouvait m'induire en erreur sur l'angoisse névrosée que causait en Allemagne, surtout dans les provinces de l'Est, la seule pensée d'une invasion russe. Car cette angoisse, j'en avais été témoin en Silésie, en 1911.

L'état-major allemand ne partageait nullement cette inquiétude folle. Il ne croyait ni à l'énergie du commandement supérieur des Russes, ni à la compétence de leurs cadres moyens,

---

(1) Voir ma conférence de Montrouge d'avril 1903 (*Revue Socialiste*, mai 1913).

moins encore à la supériorité de leur armement
et de leur organisation. Pourtant, il entretenait
avec soin l'angoisse populaire, puisqu'elle lui
assurait le dévouement unanime des masses,
socialistes non exceptées. L'opinion socialiste
allemande autrefois non plus n'avait pas connu
cet affolement :

La mobilisation russe, avait écrit en 1893 Friedrich
Engels..., ce sera un spectacle pour les dieux...! S'il
vient une guerre, l'armée russe tout le long de la frontière, depuis Kowno jusqu'à Kamieniedz, se trouvera
en pays ennemi sur son propre territoire, au milieu
des Polonais et des Juifs... Quelques batailles per-
dues pour la Russie, et le champ de bataille sera
reporté de la Vistule aux bords du Dnieper et de
la Dvina (1).

Engels savait bien que l'armée russe presque
tout entière était d'emblée sur la défensive,
jusqu'au cœur de la Pologne. Sur ce point, le
socialisme allemand n'est pas resté marxiste.
Ceux qui ont vu l'ardeur fanatique dont faisait
preuve l'opinion populaire allemande sur la
frontière russe en 1911 n'ont jamais espéré que

---

(1) Fr. Engels. *Kann Europa abrüsten ?* 1893. J'ai emprunté la traduction publiée dans le *Mouvement socialiste*,
1er mars 1899, p. 197.

les socialistes allemands résisteraient par la force ou même par une sérieuse protestation à une guerre que le gouvernement allemand ne manquerait pas de commencer par la Russie. Bernstein ne me contredira pas, s'il connaît sa circonscription de Breslau.

Indépendamment de cette certitude, chez moi indéracinable, il restait à évaluer les chances du nouveau socialisme impérialiste. Je ne m'étais pas soucié d'en faire le décompte en chiffres. Lorsqu'on m'a pressé de le faire, j'ai évalué la force de ce socialisme à 400.000 hommes. C'était là un calcul très hypothétique, fait d'après les résultats des élections et l'attitude des élus. Et comment aurais-je fait autrement ? Je ne crois pas connaître l'Allemagne (qui peut s'en vanter ?), mais quelque chose d'elle, de sa pensée, de son passé et de sa vie. Je sais l'esprit de ses masses ouvrières et comment elles refluent passivement d'un guide à l'autre, dans des ruées de panique, quand elles croient leurs intérêts menacés. Ce qui me préoccupait ici, c'est une pensée doctrinale. Une doctrine, c'est un appel de cor, jeté dans la forêt pour sonner le rendez-vous. Je considérais cet appel des jeunes socialistes impérialistes allemands comme séduisant et dangereux. J'ai osé pronostiquer à leur pensée, pour des raisons que j'ai dites, un succès qui devait grandir. C'est par ce pronostic que j'ai, sans m'en douter, blessé le plus au vif les chefs socialistes allemands et leurs avocats français.

II

Il faut ici bien se rappeler comment fonctionne le parti socialiste en Allemagne. Fait de tronçons hétérogènes qui ont fusionné à grand'peine par une opération d' « enchâssement » longtemps précaire ; secoué parfois de fébriles mouvements d'hétérodoxie, dont le plus puissant fut le « revisionnisme » de Bernstein ; emporté dans cette houle marchante et clapotante de gens plus nombreux que lui, dont il escompte les suffrages, mais qui votent avec lui par malaise démocratique plutôt que par conviction sociale, il est obligé de simuler la cohésion qui lui manque. La direction du parti, depuis qu'il y en a une, est l'enjeu de luttes farouches et basses. Il y a là une vieille tradition de brutalité vulgaire, qui remonte à 1847. A peine Marx et Engels étaient-ils entrés dans la *Ligue des Justes*, qu'ils vilipendèrent Weitling. Plus tard, dans l'Internationale, ils bafouèrent Proudhon, Bakounine et leurs partisans. Puis, dans le parti allemand, avant et après l'unification, ils tâchèrent d'anéantir les disciples de Lassalle. Ce fut le tour ensuite du groupe anarchisant groupé autour de Johann Most ; puis des « Jeunes » de Berlin. Bernstein, à peine eut-il quitté l'orthodoxie marxiste, connut des avanies sans nombre et les ingratitudes malsonnantes du Congrès de Hanovre, qui faillit l'excommunier.

Cette direction jalouse du parti allemand n'est pas seulement technique, mais doctrinale :

Il est ridicule, disait Kautsky dans un article de la *Neue Zeit*, dénoncé par Vollmar au Congrès de Dresde (1913), de demander dans le parti la même liberté de pensée que nous réclamons dans l'Etat.

Il voulait que le droit de critique fût provisoirement mis au second plan. C'est que le parti n'a pas souci de liberté, mais d'unité. Cette unité, il ne veut pas seulement qu'elle soit celle de l'action disciplinée. Il veut faire l'unité totale des croyances ; et ces croyances, ce sont celles d'un petit nombre de chefs. Avec raison, Vollmar protestait donc :

Vous trouverez ce procédé chez le pape et dans l'Eglise. Si l'on doit me mettre une muselière il m'est assez indifférent que ce soit une muselière policière ou religieuse ou démocratique (1).

Vollmar, en sa qualité de chef bavarois, ne comprenait pas les beautés de la discipline prussienne. Il ne supportait pas qu'il existât dans le parti « des gens décidés à proclamer leur souveraineté absolue en écartant ceux qui leur étaient incommodes ». Bebel et Kautsky étaient, selon lui, de ces autoritaires sournois. Vollmar souffrait de voir que quelques hommes « de tempérament déréglé, et impulsifs », comme ceux-là, fissent du parti le jouet de « leur imagination surexcitée et de leur nervosité ». Il y a un césarisme de parti, disait-il, et un « byzantinisme » qui le flagorne.

______

(1) *Protokoll* du Congrès à Dresde (1903), 5e journée.

Parmi les courtisans de la Byzance socialiste, il y a les correspondants des journaux socialistes à l'étranger. Ces postes de correspondants sont enviés : ils sont la pépinière des futurs députés du parti. Pour les chefs dont la recommandation doit leur valoir leur mandat futur, ils ne mesurent pas les éloges. Car il faut des éloges abondants à la plupart de ces hommes. Je n'ai jamais cité le nom d'aucun de ces contradicteurs. C'eût été servir leur manœuvre, et le dessein qu'ils ont de conquérir un peu de notoriété (1). Citer le nom d'un adversaire, c'est l'honorer ; c'est lui faire le sa-

---

(1) Le lecteur, curieux de se documenter, pourra se reporter à la *Neue Zeit* du 14 février 1913; aux longs articles de l'anonyme, bien connu à Paris, qui faisait la correspondance parisienne pour le *Vorwaerts*, en mars et avril 1913; à l'Autrichien que G. Hervé eut la faiblesse d'accueillir à la *Guerre Sociale*, en janvier et mars 1913 ; — au spécialiste de la philologie irlandaise, Autrichien lui aussi, que les *Temps nouveaux* lâchèrent le 19 avril, le 3 et 24 mai 1913. — Un vieux militant probe et pur entre tous, l'historien incomparable de la première Internationale, James Guillaume, crut devoir dans la *Vie Ouvrière*, des 5 et 20 février et du 5 mars 1913, défaire ce tissu de sophismes. C'était lui faire beaucoup d'honneur. Je lui en garde une durable reconnaissance. Le citoyen Jean Longuet fut chargé par le parti français de plaider officiellement la cause du parti socialiste allemand. Il le fit, avec ce grand talent héréditaire qu'on lui connaît, dans la brochure intitulée *Les Socialistes allemands contre la guerre et le militarisme* 1913. — On trouvera l'apprécia-

lut de l'épée avant et après le duel. N'est pas cité qui veut dans le recueil d'articles qu'on va lire.

L'une des flatteries les plus délicates dont use ce byzantinisme socialiste, est de faire croire à ses chefs qu'ils sont insidieusement attaqués, mais qu'ils ont une garde du corps intègre dans ces postes-vigies que la presse socialiste allemande place dans les capitales européennes. Ce fut le cas ici. Dans des phrases incidentes, j'avais parlé sans vénération de Bebel et de Kautsky. Ce fut une clameur des janissaires :

tion d'un libertaire suisse éminent, F. BRUPBACHER, dans la *Vie Ouvrière* du 20 avril 1913, sous le titre : *Le Socialisme impérialiste et les ouvriers allemands* ; celle des libertaires russes chez TCHERKÉROFF : *A propos de la controverse sur la social-démocratie* (*Temps nouveaux*, 17 mai 1913); celle des libertaires allemands dans *Der Pionier* de Berlin (21 et 28 mai 1913), où PIERRE RAMUS publia deux articles intitulés *Imperialismus und deutsche Sozialdemokratie* et dans *Der freie Arbeiter* (24 et 31 mai, 7 juin 1913), où le même écrivain publia trois articles sous le titre de *Anarchistischer Revisionismus, Imperialismus und Sozialdemokratie*. Les socialistes libertaires reconnaissaient unanimement l'exactitude de ma documentation. Il y a quelques articles que je ne cite pas, parce que leurs auteurs les ont regrettés. Au nombre de ceux qui ont eu le courage de dire publiquement leur regret, je dois nommer Charles Albert. Qu'il sache une fois de plus combien j'ai été touché de sa courtoise démarche.

> Comme avec irrévérence
> Parle des dieux ce maraud !

Mais le fin du fin consista à laisser entendre que mon étude avait incriminé le *Parteivorstand*, le grand état-major socialiste. Il n'y avait rien de tel dans mes articles. J'ai dû mettre à rétablir la discussion sur son véritable terrain, autant d'opiniâtreté que mes adversaires mettaient d'astuce à l'en écarter.

J'ai eu autrefois une tendance à admirer la gestion du parti allemand. Je ne disconviens donc pas de l'étonnement que m'ont causé les discours de Bebel au Congrès d'Iéna (1911) quand je les ai lus pour la première fois dans un village suisse, à Gryon, l'automne de cette année. Ces phrases d'alors, je les avais notées et fidèlement gravées dans ma mémoire. Bebel, on le verra, les a modifiées depuis. Je les ai citées avec exactitude, telles qu'elles ont sans doute été prononcées, telles que les donne le compte rendu officiel dans son édition princeps. On saura désormais que, si on cite un document répandu par eux-mêmes comme officiel à des centaines de mille exemplaires, on est traité de faussaire par les socialistes allemands, s'il a plu à leur *Parteivorstand* de retoucher ensuite le même document.

Il y eut d'autres raisons à cet acharnement. Quelques personnes se souvenaient que j'avais fait, de 1895 à 1897, au Collège libre des Sciences sociales, un cours sur la *Décomposition du marxisme*. Au nombre de ces personnes, il y avait Jean Longuet, trop jeune alors, pour suivre le cours. Paul Lafargue y était venu parfois. On peut juger par d'autres publications que je ne me suis jamais soucié de renouveler des attaques auxquelles a donné lieu la question de la première Internationale (1). Je n'avais que des préoccupations doctrinales. Le système de Marx est imposant ; mais il est périmé. Il a dévoilé des faits capitaux de l'histoire sociale anglaise. Cela suffit à sa gloire. Les inductions générales qu'il en tire pour l'évolution du capitalisme européen manquent

---

(1) J'ai édité dans la *Revue socialiste* (nov. et déc. 1913; janv. et fév. 1914), à titre d'échantillon, un fragment de ce cours, relatif à F. Engels. On en trouverait un autre, sur Antonio Labriola, dans la *Revue de Métaphysique*, septembre 1897.

de force probante ; et l'analyse de ce capitalisme est défectueuse dans plus d'un de ses grands traits. C'est pourquoi elle égare constamment la pratique ouvrière. Serons-nous obligés indéfiniment de vénérer cette Bible écrite dans une algèbre ennuyeuse et erronée ? Il semble que la piété filiale des descendants de Marx considère qu'on n'y peut toucher sans commettre un grave délit. Il me faudra commettre ce délit quelquefois, comme d'humbles humanistes osaient contester l'interprétation traditionnelle de la Bible par les docteurs catholiques et luthériens. Si la puissance sociale ancienne des Eglises a été brisée, si les livres canoniques ont livré leur véritable sens et même fourni à une foi plus exigeante des aliments plus purs, c'est à l'effort de ces modestes exégètes que l'on doit cet affranchissement des consciences. Le temps n'est pas loin où un travail du même genre aura consommé la ruine ou l'épuration du marxisme.

Les marxistes purs, par vasselage ancien, par paresse d'esprit et pour sauver le vieil ascendant qu'ils gardent sur les foules, essaient de retarder ce travail critique. Il s'ensuit que l'effondrement scientifique du marxisme sera plus retentissant et plus énorme un peu plus tard. Le litige de 1913 est un épisode de cette décomposition intérieure du socialisme d'observance allemande.

Le zèle des correspondants attitrés de la presse socialiste allemande et la pitié filiale des dauphins marxistes s'entendirent. Pressé par eux, le citoyen Pierre Renaudel s'adressa au *Parteivorstand* et s'informa de la réponse à faire. On devine que le *Parteivorstand*, avant même d'être saisi, avait été préparé. Une lettre vint de Berlin : *Verbosa et grandis epistola venit...* Elle décida de l'intervention de Jaurès.

A partir de là, je ne sais plus rien. Je sais que Jaurès un soir chez Lévy-Brühl annonça sa résolution en termes que j'ignore. Personne de mes collègues ou de mes camarades présents ne m'a fait l'amitié de m'en faire la confidence. Je n'ai pas été assez naïf pour essayer de rompre ce silence concerté. A ceux qui trouveront que la discussion de Jaurès manque de grandeur, qu'elle élude les points les plus précis du débat, qu'elle essaie de m'imposer un questionnaire qui n'était pas le mien, je répondrai que dans cette discussion je ne reconnais pas Jaurès. Je reconnais nettement une autre main que la sienne. Cette main étrangère triait les arguments, choisissait les citations. Jaurès ne prenait même plus la peine de juger. On lui plaçait les faits et les textes dans cette fumeuse lumière des bureaux de rédaction, rue Montmartre, où on lui avait allumé, trois soirs, une lampe allemande.

Il m'est arrivé de me dire en des moments de douleur : « Ah ! si je le tenais, comme jadis, dans une conversation d'une heure ! Je le convaincrais ! Ce ne serait pas la première fois ! » Il était excellent, probe et de grand cœur. Une sorte de méfiance paysanne, toujours en éveil, lui faisait redouter des pièges ; et cette méfiance l'a souvent servi. Cette fois, il n'a pas vu le piège véritable. Puis, le surmenage effrayant de sa vie lui donnait durant cette rude année de 1913, une irascibilité dont s'inquiétaient ses meilleurs amis et qui n'a connu d'apaisement qu'après le Congrès de Berne.

Je ne trouve rien aujourd'hui encore de soutenable dans les arguments qu'on a soufflés à Jaurès pour lui faire justifier l'attitude de Bebel au Congrès d'Iéna en 1911 (1). C'est là une pure improvisation de journalistes allemands, qu'on a mise sous ses yeux, qu'il a utilisée, rédigée et signée. Il y a de ces fatalités d'entraînement.

On me pardonnera la monotonie de certaines redites, comme ma triple défense contre l'accusation de faux. Je me rappelle encore la stupéfaction douloureuse de James Guillaume, quand il eut constaté que, malgré une vérification décisive que j'apportais et où il m'avait aidé, Jaurès, loin de retirer son accusation, eut le courage de la maintenir (2). J'ai vu avec peine depuis, en dépit de toutes les preuves, l'accusation reparaître sous la plume de M. Félicien Challaye. Il ne manquait plus alors que

---

(1) Voir le premier article de Jaurès : *Citation fausse.*
(2) C'est le deuxième article de Jaurès : *Mise au point.*

cette accusation de « mensonge pathologique »,
que le journal dirigé par Jaurès et administré
par Renaudel, a insérée pendant des mois, sans
que j'eusse, à défaut du droit légal, dont je ne
voulais pas m'autoriser, ni la possibilité maté-
rielle ni la possibilité morale de répondre.

Ou plutôt, ce n'est pas là le travail de Renaudel et de Jaurès. C'est celui de leur collaboration marxiste et allemande. C'était le mot
d'ordre de Berlin ; et je dirai, quant à moi,
jusqu'à mon dernier jour, que nos chefs ne
connaissaient pas le parti socialiste allemand.
Pour connaître un parti étranger, il ne suffit
pas d'accepter des invitations une fois l'an
pour les Congrès. Il ne suffit pas des réunions
où l'on s'envoie au visage des éloges flatulents
et où l'on échange des congratulations rituelles
en heurtant des chopes. Ce n'est même pas assez de déchaîner des ovations forcenées par des
discours en allemand, effroyables d'accent et
de syntaxe, comme Jaurès s'y complaisait, hélas ! dans les dernières années. Cette façon
de voir le public, du haut des estrades déco-
rées de verdure et de drapeaux rouges, fausse

les perspectives. Les fictions de propagande par lesquelles il faut piper les masses, et sur lesquelles on se met d'accord par des décisions de concile, abolissent le sens même de l'observation réelle. Il faut être assis dans le rang ; observer silencieusement ; savoir, par les réflexions des simples, ce que valent leurs déchaînements subits, suivis de reculades brusques, et le degré de résistance qu'on en peut attendre aux jours de crise. Connaître le peuple allemand et ses partis politiques, c'est avoir vu ses idées cheminer du fond de l'histoire, lentement, et chargées d'une foule de sentiments qui les entravent. Alors, dans un auditoire politique allemand, on s'aperçoit bien souvent que ce ne sont pas des idées vivantes qui surgissent devant les intelligences modernes, mais des larves mortes réveillées par de vieilles superstitions et qui vous regardent avec des yeux de cadavres. Or, le sens de ces reviviscences ne peut s'acquérir dans les tabagies délibérantes des Congrès.

On m'avait reproché avec des outrages sans nombre (et M. Félicien Challaye en dernier lieu reprit le reproche) d'avoir incriminé le parti allemand tout entier. Cette intention, on l'a vu, ne pouvait pas être la mienne, en novembre 1912. J'ajoute maintenant qu'elle a été mon intention finale en août 1913. J'ai voulu en avoir le cœur net ; et de là un nouvel examen et une accusation élargie. On ne m'en voudra pas si je pense aujourd'hui que ce fut de tous mes articles le plus important (1). Il ne fut, bien entendu, lu de personne. C'est que la discussion sur la loi de trois ans était terminée. Les Chambres étaient en vacances. Bebel, à tous les services qu'il avait rendus à son parti, en joignit tardivement un dernier, qui aurait pu être décisif en d'autres temps : il mourut. Et Jaurès, au Bessoulet, ne jugea pas nécessaire d'interrompre son repos. Le conflit se termina dans un silence d'idylle, où le *Temps* fit son œuvre, cette fois d'apaisement.

III

Il faut conclure. Une sociologie de la vie des partis politiques se construira un jour. Elle

---

(1) *Revue du Mois*, août 1913.

pourra s'établir par des monographies comme celle que M. Ostrogorski a consacrée jadis à la vie des partis américains (1). Il y faut la description synthétique de la vie des partis dans les nations qui ont connu la liberté politique depuis l'antiquité (1). J'ajouterai par expérience personnelle qu'il y faut la description des Églises.

La morphologie des partis organisés se présente avec tous les caractères inhérents aux corporations religieuses. Le problème d'organiser la démocratie est, sur un autre plan, le problème même qui s'est posé à la Réforme, quand les réformateurs ont renversé la hiérarchie ecclésiastique. Un juge peu suspect l'a dit, Karl Marx : « Si le protestantisme n'a pas été la vraie solution, il a été la vraie position du problème (3). » Or le socialisme international a prétendu apporter la solution différée depuis le xvi° siècle.

---

(1) M. Ostrogorski, *La Démocratie et l'organisation des partis politiques*, 1903.

(2) Par exemple A. Croiset, *Les démocraties antiques*, 1909.

(3) Karl Marx, *Zur Kritik der Hegelschen Rechtsphilosophie, 1844*, (réimprimé dans le *Nachlass* de Karl Marx et Fr. Engels, t. I. 1902, p. 392).

A y regarder de près, qu'a-t-il apporté ? Il s'est embarrassé dans les mêmes tâtonnements d'Église. Le socialisme allemand est construit d'une façon luthérienne et frédéricienne. Il est encastré dans l'Etat. Il est lié à l'Etat par un lien de solidarité dans l'antagonisme. Faute d'avoir bien compris la nature de ce lien, on n'a pas pu prévoir ce qui est arrivé en 1914. Pourtant Marx, dès 1847, disait que la lutte de classe décisive, la conquête des pouvoirs publics supposait « l'association nationale » de tous les hommes de la même classe (1). Si elle se déroule dans le cadre de la nation, c'est qu'avant tout elle laissera ce cadre intact.

Le socialisme français est au contraire œcuménique par tradition, comme le catholicisme et comme l'humanisme dont il sort. Il pense vraiment comme ce Bernardin de Saint-Pierre, qui, ayant pour devise *Miseris succurrere disco*, voulut accueillir en France les misérables du monde entier, et établir à Paris le Parlement de toutes les nations, « réunies avec nous dans une

(1) MARX et ENGELS, *Manifeste communiste*, trad. Ch. Andler, 1901, paragraphes 92, 30.

seule famille » (1). Cette pensée internationale, le socialisme français l'a pensée jusqu'au bout, avec une intransigeance qui par moments inquiétait Jaurès ; et l'un des plus beaux efforts

----

(1) M. Abel Hermant a taquiné le citoyen Renaudel au sujet d'une confusion qu'il lui attribue entre Bernardin de Saint-Pierre et l'abbé du même nom. Les plus retentissants échecs parlementaires de Renaudel, ceux par lesquels il a le plus définitivement avancé le discrédit public du parti socialiste français, et gâché une situation qui fut excellente en 1914-15, ne lui ont pas assuré une notoriété égale à celle qui lui vient de cette excellente plaisanterie.

Je viens au secours de Renaudel. Je le crois incapable d'une « citation fausse ». Je crois vraiment qu'il a songé à Bernardin de Saint-Pierre, et que, pour des raisons diverses, l'abbé Charles-Irénée de Saint-Pierre, et son *Projet de paix perpétuelle* (1713), étaient très loin de sa pensée. On est ainsi amené à conjecturer que le chef socialiste français a encore aujourd'hui des sympathies pour l'idéal international formulé dans les *Vœux d'un solitaire* (1789): « Les bienfaits de l'amour répareraient les rapines de la guerre... L'Amour et l'Hyménée réuniraient dans des fêtes des amants de toutes les nations... La Française, en dansant, poserait d'une main une couronne sur la tête de l'Allemand, et de l'autre verserait du vin dans la coupe du Turc. Elle animerait, par la liberté et les grâces décentes, ces fêtes hospitalières données dans son pays à tous les peuples de l'univers. Oh ! que la France se couvrirait de gloire, si elle ouvrait dans son sein une retraite aux infortunés de toutes les nations !... Puissent les nations de l'Europe rassembler (à Paris) leurs Etats généraux et ne faire avec nous qu'une seule famille ! Puissent enfin tous les peuples du monde, dont nous aurons recueilli les infortunés, y envoyer un jour leurs députés !... » Assurément c'est là un projet de Société des Nations, auprès duquel pâlit même le programme de Bordeaux. V. Œuvres complètes de J.-H. BERNARDIN DE SAINT-PIERRE, éd. L. Aimé Martin, 1818, t. XI, p. 208, 209, 213.

de dialectique oratoire et d'intelligence politique que louent en lui ses adeptes, c'est cette démonstration sur laquelle il ne tarissait pas, et qui lui faisait dire : « Internationale et Patrie sont désormais liées (1) ». Cela même cependant ne fut pas un effort nouveau ; et tout effort moderne de pensée ne peut être ici que l'épigone de la tentative que fit Leibniz en vue de cette « Nouvelle Réforme » destinée à compléter la Réforme mutilée de Luther, et de la pensée qui, selon Leibniz, devait réaliser l'Union des Etats chrétiens par la justice, et enfin la paix perpétuelle, par la piété, dans une Eglise universelle, guérie désormais de tout schisme.

Jaurès a été un tel esprit leibnizien, et par surcroît il disposait de l'éloquence de Bossuet. Mais il aurait fallu, pour que son œuvre fût solide, que l'Internationale existât dans le for intérieur de tous, comme cette « Eglise invisible » qui hante les âmes croyantes depuis

____

(1) JAURÈS, *L'Armée Nouvelle*, 1ʳᵉ éd., p. 571 ; et le brillant discours de LÉON BLUM, *Idée d'une Biographie de Jaurès*, 1917, p. 24-34.

quatre siècles. « Nul n'a le droit d'écraser un peuple », a écrit Leibnitz dans son *Mars Christianissimus* (1683), et « il n'est plus aujourd'hui de domination par la force » (1). Alors, il faut que cette loi, qui sera dans l'avenir le lien international, soit d'abord la loi dans la nation et la loi des consciences dans la vie politique.

Il ne peut en être ainsi, tant qu'il y a une organisation disciplinée de parti, pas plus qu'il ne peut en être ainsi dans une Eglise constituée selon le droit ecclésiastique. Toute Eglise a sa croyance astreignante, son pouvoir d'excommunication, sa force disciplinaire qui, si elle est approuvée par la majorité de la nation, sera assurée de trouver l'appui du bras séculier. Tout parti unifié a ses croyances orthodoxes, dont les haillons sont agités par le fanatisme populaire longtemps après que la critique scientifique les a mis en lambeaux. Il a son intolérance injurieuse ; et il se crée une force de chantage ou

____

(1) Leibniz, *Reflexionen über Securitas.* (Œuvres, éd. Foucher de Careil, 1860, sq. t. VI, p. 130 sq. ; 168-189.

unc organisation de violence, dont la Révolution russe nous offre d'édifiants exemples, en attendant que nous en fassions nous-mêmes l'épreuve inévitable. Mais l'irréalisable paradoxe, dont se meurt le socialisme français, c'est que, purement humain dans son idéal, il ait accepté pour doctrine la pensée la plus étroite, la plus haineuse, que le socialisme ait vue, le marxisme. Ce bélier de guerre a été impropre même à la besogne pour laquelle il aurait dû être construit d'abord et devant laquelle ses artisans ont reculé : le démantèlement des classes dirigeantes allemandes. C'est cependant de cette doctrine qu'on veut faire la pensée universelle. Il n'y a pas d'aberration plus considérable.

Elle n'est pas la seule. En tout, l'œuvre de Jaurès recommence l'erreur de Leibniz. Ce n'est pas en fusionnant les Églises nationales que l'on peut fonder une Eglise universelle, si l'Eglise vraie est « invisible » et si elle est un esprit. En soudant ensemble les Eglises de son temps, Leibniz n'aurait pas concilié en profondeur le catholicisme gallican et le protestantisme allemand : il aurait assuré le triomphe du pire catholicisme italo-espagnol, puisque les jésuites avaient donné à ce catholicisme une organisation parfaite depuis le Concile de Trente. Ce n'est pas en fusionnant les partis ouvriers nationaux que l'on peut fonder l'internationalisme. On risque ainsi de donner la prédominance au groupement le plus dense, le plus militairement mené, le plus totalement livré à ses instincts grégaires. C'est ce qui n'a pas manqué d'arriver ; et la même faute sera recommencée à coup sûr après la guerre. L'internationalisme est, lui aussi, un esprit. Cela, un petit nombre d'Allemands l'ont su, au temps de Gœthe. Un petit nombre d'humanistes de tous pays, l'ont su au XVI⁰ siècle, c'est-à-dire au temps même où Luther et Calvin fondaient leur œuvre erronée, qui fut une contre-façon mutilée du catholicisme. Or, les partis socialistes unifiés d'aujourd'hui sont ainsi des cathédrales mutilées, mais des cathédrales de style jésuite, bâties en ciment armé de Potsdam. Ce qui pourrait leur arriver de mieux, c'est de s'effondrer avant d'être achevées.Il vient ainsi parfois des vagues de désaffection libératrice, qui réduisent en ruines les édifices de laideur avant l'achèvement. Le socialisme sera un libre mouvement d'idées, répandu par une inspiration renouvelée des premiers et fervents groupements babouvistes, fouriéristes et blanquistes, ou il sombrera dans le haineux immobilisme des sentences de Congrès. La commémoration des dogmes morts ne lui infusera pas la vie absente.

Il faut qu'on lui dise en termes actuels, ce que disait à Calvin ce simple professeur de collège, Sébastien Castellion, qui a eu le premier l'idée moderne de la totale liberté de conscience, et de la tolérance spirituelle sans limites et que pour cette raison Calvin a jeté dans l'exil. Il faut qu'on lui apprenne ce que démontrait à Luther un pauvre gentilhomme silésien, Caspar Schwenckfeld, qui seul eut l'idée de la vraie Réforme, c'est-à-dire d'une Eglise sans prêtrise, sans dogmes et sans organisation, faite uniquement d'inspiration vraie et fondée sur la présence reconnaissable en nous du sceau de l'apostolat. Pour avoir fait cette démonstration, il fut jeté par Luther dans la misère et dans la persécution. Pourtant tous les historiens savent que s'il y a encore aujourd'hui une pensée protestante au monde, c'est qu'elle a absorbé les idées de ces persécutés d'alors. Ainsi, le socialisme aussi est destiné à périr dans son organisation présente ; et s'il subsiste de lui quelque chose plus tard, quand se sera tue la prédication injurieuse ou pathétique des pétrisseurs de foules, c'est qu'il aura fait une place à la protestation des consciences, préoccupées non de croyances triomphantes et figées, mais d'une critique incessante illuminée de vie intérieure. C'est l'humble foi dans laquelle je dirai, moi aussi : « *Je sais, et je suis certain* » (1).

---

(1) CASPAR SCHWENCKFELD : « Ich weiss und bin ge wiss. » *Epistolar*, 1re partie, 1566, p. 484.

LE SOCIALISME IMPÉRIALISTE

DANS

L'ALLEMAGNE CONTEMPORAINE [1]

Tous ceux qui, séjournant en Allemagne l'automne de 1911, à l'époque de la négociation marocaine, ont pu interroger des ouvriers ou des intellectuels socialistes, et lire les journaux du socialisme allemand, ont constaté un singulier désarroi. Ils ont dû être frappés de la rareté des manifestations pour la paix et des sympathies multiples que des socialistes affichaient pour le « coup d'Agadir ». Les pages qu'on va lire sont d'un tel témoin, qui a

[1] Article paru dans l'*Action Nationale*, numéros de novembre et décembre 1912.

cherché à s'expliquer cet état d'esprit ; car il peut être dangereux. Le gouvernement allemand, sans préméditer, croyons-nous, la guerre, a pour habitude d'exploiter avec promptitude, et jusqu'au chantage, les faiblesses momentanées et les embarras passagers des nations voisines. Ce qui légitimement nous a surpris, ç'a été de voir une fraction importante du socialisme allemand participer à ce goût du chantage. Beaucoup de socialistes en Allemagne s'en sont émus depuis. De là l'acuité du litige qui s'est appelé *l'affaire Hildebrand*. J'ai voulu, dans ce qui suit, examiner la signification générale que cette affaire revêt aux yeux du socialisme international, et pour la France en particulier. On verra que ce litige couve depuis longtemps, qu'il est loin d'être éteint, et loin de se réduire à une simple querelle sur des formules théoriques. Un contingent notable de socialistes allemands vient de se convertir au colonialisme, au militarisme, au capitalisme peut-être. Il importe de connaître ses raisons, pour savoir si elles ont la chance de prévaloir.

I

L'AFFAIRE HILDEBRAND

I. — Le congrès de Chemnitz vient, en septembre dernier, d'exclure du parti socialiste organisé un publiciste notoire, Gerhard Hildebrand. Il faut, selon moi, le regretter tout à fait. Non pas pour les raisons que des socialistes autorisés ont mises en avant. On a allégué que Hildebrand a toujours suivi rigoureusement la discipline du parti ; que ses idées seules, exprimées dans un livre déjà célèbre, tendent à modifier quelques-unes des assises théoriques de la doctrine socialiste ; et que la liberté de la recherche devrait être totale, surtout dans un parti d'affranchissement social. Ces raisons, même quand elles sont produites par Edouard Bernstein, ne sont pas pour me convaincre. Je trouve à Gerhard Hildebrand un immense talent. Je le tiens, en économie politique, pour le continuateur vrai de Frédéric List. Cela ne veut pas dire que je le croie socialiste ; et il me paraît élémentaire que le parti socialiste ait le droit de prononcer l'ex clusion d'un membre dont les convictions, dans une recherche scientifique sincère, ont évolué jusqu'à se trouver en conflit avec les doctrines fondamentales adoptées par les Congrès. Il n'y a pas là de *boycottage* injustifié, mais l'usage d'un droit de contrôle nécessaire. L'inconvénient de la décision prise à Chemnitz est autre. Hildebrand est l'un des rédacteurs les plus brillants des *Sozialistische Monatshefte* ; et cette revue, sans être l'organe officiel, est sûrement le périodique le plus intéressant et le plus scientifiquement vivant du parti socialiste allemand. Des protestations nombreuses s'étaient élevées d'avance dans les *Monatshefte* contre une condamnation possible. Elles continuent, dans cette revue et ailleurs. Le verdict de Chemnitz est repoussé par l'aile droite du parti, celle qu'on appelle le *revisionnisme*, tout entière. Elle a des forces croissantes. Elle comprend les têtes pensantes du parti. Elle l'emportera très vite, comme influence, sur les maîtres d'école acrimonieux, qui manient leur férule dans la *Neue Zeit*. La décision du Congrès récent tend donc à nous masquer la situation vraie du socialisme allemand. Il ne sert à rien de condamner Hildebrand, si un effectif croissant de membres du parti pense comme lui. De ce point de vue le verdict est une faute qui se paiera. Quant à nous, il nous faut savoir à quel socialisme allemand nous avons affaire.

Je trouve aux principes de Hildebrand beaucoup de vrai. Quelques-unes des prévisions qu'il tire des faits aujourd'hui observables me paraissent fondées. Cette exactitude et cette étendue de leur savoir mettent intellectuellement les jeunes doctrinaires du socialisme nouveau très au-dessus des vieux dogues qui gardent encore les dogmes anciens. Mais ces vieux primaires, qui avaient vécu les années héroïques de la loi d'exception contre le socialisme, s'ils avaient moins de science, avaient souvent un sentiment plus juste de ce que devrait être une humanité socialiste. Ce sentiment, même dans un Bebel, commence à faiblir sur le tard, et chez Kautsky on ne compte plus les palinodies hargneuses ou les fanfaronnantes contradictions. Sans doute, un regard courroucé de Mlle Rosa Luxembourg le ramène vite aux bons principes. Toutefois, l'Amazone belliqueuse du socialisme polonais ne peut être omniprésente, et la ligne politique de la *Neue Zeit* s'incurve alors vers l'opportunisme. Ce n'est pas cet enseignement-là qui peut empêcher les jeunes de poursuivre la constitution de leur socialisme d'affaires, militariste et colonial. Dans la pensée flottante des anciens, plus d'une défaillance leur sert d'excuse. Ils vont jusqu'à s'abriter derrière des citations de Lassalle ou de Marx. Ils s'en font un couvert derrière lequel ils avancent avec une tactique très bien entendue de défilement. Le vote de Chemnitz n'est donc rassurant qu'en apparence. On exclut Hildebrand du parti, mais on y laisse tous ceux qui pensent comme lui. Quelle est cette ruse ou quel est cet aveuglement ? Or, la paix du monde peut être intéressée à l'attitude de la classe ouvrière en matière coloniale et militaire.

II. — L'œuvre de Hildebrand tient en deux

livres, un gros et un petit : 1° *Die Erschüt-
terung der Industrieherrschaft und des Indus-
riesozialismus*. (L'ébranlement de la prépondérance de l'industrie et du socialisme industriel.) 1910. — 2° *Socialistische Auslandspolitik*,
(Politique étrangère socialiste.) 1911. Par de
nombreux articles de revue, Hildebrand a
préparé, commenté, complété sa doctrine. On
sent dans le groupe dont il fait partie l'ambi-
tion de travailler à un renouvellement intégral de la doctrine socialiste. On est au cou-
rant, dans ce groupe, de questions que le
socialisme allemand avait, comme le nôtre,
la douce habitude d'ignorer. J'attache pour
ma part la plus grande importance à ce
que cette besogne de la « revision » du vieux
marxisme se poursuive avec méthode. Les
formules outrancières des vieux doctrinaires
ne peuvent aboutir qu'à de l'immobilisme. En
particulier, il serait d'une immense importance que les partis socialistes des grands
pays de l'Europe eussent, en matière de politique étrangère et coloniale, les idées claires
qui leur manquent. Il ne faudrait pas cepen-

dant que le renouvellement qu'on espère fût fait surtout de la compromission avec des idées que le socialisme avait tenues à l'écart, pour ne pas faillir à sa mission. Il ne faudrait pas que ce socialisme fût nouveau de la seule nouveauté du scandale. Le socialisme changera plus d'une de ses doctrines, sous la pression, parfois désagréable, des vérités scientifiques méconnues de lui. Il aura toujours raison d'emprunter à d'autres partis un acquis de science sociale où ils l'ont parfois devancé. Mais il serait d'avance rayé du nombre des puissances morales dont nous attendons qu'elles préparent le monde de demain, s'il retombait dans les procédés politiques des partis que sa raison d'être presque unique est de dépasser.

Si je fais miennes beaucoup d'idées foncières des jeunes socialistes, je repousse donc les conclusions qu'ils en tirent. J'accorde tout à fait que l'économie sociale doit être avant tout « la science du développement des forces productives (1) », et la pratique sociale doit

____

(1) C'est pour cela que j'ai accordé tant d'importance

travailler à un développement rectiligne de ces forces. La survivance des puissances conservatrices et l'inertie humaine suffisent à ralentir, par des mouvements oscillatoires trop fréquents, cette marche en avant. Hildebrand pense avec raison qu'il est inutile d'allonger par les sophismes d'une dialectique, qui crée des antagonismes factices, ces zigzags de l'histoire. La pensée lassallienne, marxiste ou proudhonienne contenait trop d'habitudes sophistiques de cette sorte. Mais déjà Marx dans le *Manifeste communiste* laissait entendre que la « lutte des classes » était transitoire et que les classes dirigeantes elles-mêmes auront intérêt un jour à ne plus paralyser le développement des classes ouvrières. Lassalle, dans *Die Wissenschaft und die Arbeiter,* avait appelé la science au secours des ouvriers, et, inversement, son *Arbeiterlesebuch* propose de masser derrière l'idéal politique des libéraux intellectuels, la

socialiste à Frédéric List, en un temps où l'on ne voyait en lui que le théoricien du protectionnisme. V. mes *Origines du socialisme d'Etat en Allemagne*, 1897, 2ᵉ édit. 1910.

force réelle des bataillons ouvriers. Il n'est pas jusqu'à la petite bourgeoisie que Lassalle n'espère réveiller de sa torpeur. Cette pensée est une vraie pensée d'homme d'Etat ; et on approuvera une politique d'intégration qui, même aux époques de lutte, et quand les intérêts de classe sont déchaînés les uns contre les autres, sait déjà contre l'intérêt des classes en lutte dresser l'intérêt de la nation. Lassalle avait raison de penser que seule une telle politique mènerait la démocratie socialiste à la plénitude de sa puissance. Personne ne reprochera à un théoricien préoccupé d'éviter l'étroitesse marxiste, de ne vouloir faire violence ni aux faits actuels ni aux tendances de développement constatables, et pour en venir à la « réalisation d'une humanité une », le premier souci qu'il convient d'avoir est celui de l'unité nationale (1). Sommes-nous assez larges ? Et s'il nous faut repousser les conclusions pratiques d'Hildebrand et des réformistes qui lui font *chorus*, est-ce qu'on

------

(1) Gerhard Hildebrand, *Die Entwicklung der Productivkruefte*, etc. (*Soz. Monatshefte*, 1912, fasc. 11).

nous accusera d'intolérance ? Nous croyons que ces conclusions sont de nature à aggraver les malentendus nationaux de toute la force que l'adhésion des masses ouvrières allemandes pourra donner à de telles tendances; et nous les croyons contradictoires avec les principes et avec l'idéal dont elles prétendent s'inspirer.

L'idée centrale du livre de Gerhard Hildebrand est que la prospérité des classes ouvrières est liée à deux conditions : 1° une marche de la production industrielle continuellement ascendante avec la population ; 2° une suffisante superficie de sol pour alimenter et pour vêtir cette population. Ces deux conditions, pour Hildebrand, ne sont pas réalisables pour un long avenir ; et voilà où il retrouve la pensée de List. Tous les pays agricoles tendent à devenir industriels : c'est une loi qui tient à l'augmentation de la population. Où se déverserait le trop-plein de l'effectif paysan, si ce n'est dans l'industrie, à moins qu'il ne veuille émigrer ? Mais la patrie paysanne a intérêt à garder cette population sur le point de quitter le territoire. Voilà pourquoi elle créera sur place l'industrie où s'occupera cet excédent. Ses besoins en fait d'outillage et ses besoins de luxe seront satisfaits à meilleur compte par cette industrie créée dans son propre sein. Ses produits agricoles s'écouleront plus avantageusement sur ce marché intérieur élargi. C'est l'histoire des États-Unis, agricoles d'abord, et qui importaient d'Europe leurs machines aratoires et leurs produits manufacturés. Ensuite naquit la production industrielle américaine, qui évinça l'industrie européenne et vient parfois la concurrencer aujourd'hui sur son propre marché. Et l'histoire de la Prusse n'est pas différente : Pour relever son agriculture, Frédéric, si paradoxal que cela semble, créa des manufactures, des moyens de transport, des banques. L'industrie, la finance, le trafic furent les moyens les plus efficaces pour stimuler la production paysanne. Ainsi une superstructure industrielle est nécessaire au régime paysan. Mais il ne la faut pas trop développer. Il y a une limite au delà de laquelle les vivres deviennent trop chers et insuffisants en quantité. C'est l'époque de l'industrialisme pur. Des clivages nouveaux, et de plus en plus profonds, détachent de la population agricole des effectifs qui seront jetés dans l'industrie. En France même, pays de développement lent, la classe ouvrière, qui était de 40 0/0 de la population en 1891, était de 45 0/0 en 1901. Les déplacements sont infiniment plus vastes en Angleterre et en Allemagne.

Il s'ensuit que ces pays industriels, pour se nourrir et se vêtir, doivent faire appel à la production du dehors. La surface arable dont ils vivent se prolonge infiniment au delà de leur territoire. La terre arable de la France est située pour une bonne part en Afrique ; celle de l'Allemagne en Russie, en Hongrie, au Brésil, en Chine, dans l'Argentine. Ainsi l'Europe pare au danger présent de la surproduction industrielle, à la disette des vivres et à la cherté de la vie. Elle paie en produits industriels le blé, les denrées coloniales, les fruits, les huiles, le coton, la laine, la soie, le caoutchouc qui lui manquent. Rien de mieux, si les pays neufs suffisent à absorber le trop-plein des industries européennes ; s'ils suffisent à produire et consentent à céder un suffisant excédent de matières premières agricoles. Mais la loi de croissance qui a présidé au développement des peuples industriels de l'Europe joue bientôt dans les pays neufs.

Voici déjà que les États-Unis, dont l'importation en céréales avait durant tout le XIXe siècle déprimé la production européenne, ne nous apportent presque plus leur blé (16 0/0 de leur stock en 1909, au lieu de 22 0/0 encore en 1890). L'Autriche-Hongrie, qui a été un des principaux greniers à blé de l'Allemagne, passe au 7e rang de ses fournisseurs dès 1907, puis disparaît en 1908 de la liste des pays qui la ravitaillent. Comment expliquer cela ? Par la raison qui fait que l'Inde aussi, au lieu d'exporter 520 millions de balles de coton en 1896 et d'en consommer pour elle 350 millions, c'est-à-dire 39 0/0 de sa récolte totale, garde pour elle 700 millions de balles en 1900, c'est-à-dire 46 0/0 d'une récolte à peu près doublée. Cette raison est simple : l'Inde manufacture elle-même son coton, au lieu de l'exporter. Les EtatsUnis, le Canada, la Hongrie gardent leur blé pour leur propre population industrielle. L'Amérique du Nord garde ses viandes de boucherie. Voilà pourquoi la vie est si chère en Europe ; et la gravité de ce fait social vient de ce qu'elle ne pourra plus jamais diminuer. Tous ces pays ont passé du régime agricole au régime industriel. Ils ont besoin de leurs récoltes et de leurs bestiaux pour leur propre population ouvrière. Or, ce fait déjà effrayant nous menace, à mesure qu'il s'étend, d'un second péril non moins grave. Le danger n'est pas seulement que les pays qui servent encore aujourd'hui de greniers à l'Europe garderont leurs vivres et leurs matières premières, mais qu'ils se jetteront à leur tour dans l'industrie. La Russie, qui à elle seule fournit du blé pour 1.600 millions de marks à l'Allemagne, non seulement gardera sa récolte de céréales pour elle, mais ses appels réitérés au crédit étranger signifient qu'elle travaille fébrilement à développer ses chemins de fer, ses usines électriques, ses industries textiles et ses machines-outils.) L'étonnement des Anglais fut grand de voir que pour les chemins de fer du Transvaal les usines russes en 1909 purent soumissionner à un prix inférieur du tiers à celui des usines anglaises. Déjà la Chine aussi, à Han-Yang, possédait, avant la révolution, une usine aussi grande que le Creusot et qui renaîtra de ses cendres ; son énorme production de charbon lui permet d'inonder de ses fers, de ses aciers bruts toutes les côtes du Pacifique. L'industrialisation de ces pays sera complète dans trente ans. Ils ne nous fourniront plus de blé et plus de matières textiles ; et c'est un mal. Mais le mal le plus grand, c'est qu'ils n'absorberont plus nos produits manufacturés.

Ainsi se rétrécit la base agricole des États industriels de l'Europe. Quelques-uns, plus sages, plus calculateurs, et un peu timorés, comme la France, ont dû à la pauvreté de leur sous-sol un meilleur équilibre. Mais ils ont dû enrayer leur natalité. Les nations plus audacieuses, l'Angleterre et l'Allemagne, sont menacées à raison même de leur richesse minière et de leur prospérité industrielle. L'Europe ressemble à ce héros de Balzac qui disposait d'une « peau de chagrin » mystérieuse : ce talisman lui garantissait l'accomplissement de tous ses vœux, mais diminuait d'étendue à chacun de ses actes ; et le jour où il fut réduit à rien, cela signifia la mort. Notre surface agricole rétrécie par notre surpopulation est notre « peau de chagrin ». Un jour viendra où elle sera rétrécie pour chacun, jusqu'à une étendue infime ; et faute de blé, de coton, de laine et de cuir, de tout ce qu'il faut pour vivre et se vêtir, il ne nous restera plus qu'à mourir.

Mais quand il y aurait assez de vivres et de vêtements, nous n'aurions plus de quoi en assurer l'achat. Car on paie, en fin de compte, des produits avec des produits ; et nos marchandises n'auront plus cours sur des marchés déjà saturés. L'étendue et la brutalité des crises qui s'ensuivront est prévisible ; et la rapidité seule en fait question. On peut prévoir que dans vingt-cinq ou trente ans, l'industrialisation de pays qui nous servent de débouchés sera achevée. Ensuite, ce sera une effroyable chute de tous les revenus industriels européens et un prodigieux effondrement de la vie des ouvriers industriels. La population laborieuse, inutile désormais dans tout l'effectif occupé aux produits d'exportation, sera, dans sa totalité, incapable de se vêtir et de se nourrir. Et de cette famine et de ce dénuement aucune catastrophe libératrice ne pourra la préserver, comme le croyait Marx. Aucun cataclysme économique n'ajoutera, en effet, un hectare à la surface agricole qui nous manque. Aucune mesure de socialisation industrielle non plus ne pourra secourir le prolétariat affamé. Car il est vain de socialiser une industrie ruinée, et la socialisation de toutes les usines n'ajouterait rien, elle non plus, à la surface arable trop étroite. La solidarité du socialisme industriel et du capitalisme industriel tient à ce que leurs limites sont les mêmes. Ils grandissent ensemble, mais sont destinés à s'engouffrer dans la même ruine finale.

Rien ne me paraît plus juste que cette déduction de Hildebrand. Elle est d'ailleurs non seulement appuyée sur des faits, mais admirablement traditionnelle. Elle fait suite harmonieusement aux grandes doctrines économiques allemandes, de Thünen à List et à Rodbertus. Elle permet d'interpréter avec cohérence et nouveauté une foule de grands faits qui causaient un malaise inexpliqué. Elle prévoit à merveille la courbe générale des faits qui vont se produire. Mais elle exagère la rapidité de leur marche ; et Hildebrand a le tort d'en tirer des propositions pratiques impropres à soulager les maux signalés par lui, propres tout au plus à les aggraver par des guerres barbares. Là est le danger que discerne instinctivement le parti socialiste qui l'a exclu. Mais comme il ne le discerne que d'une façon vague, le parti se fourvoie constamment lui-même dans les sophismes sanglants qu'il n'arrive pas à repousser parce qu'il n'arrive pas à les définir.

Le danger signalé par Hildebrand surgira un jour, comme le péril de surpopulation que dénonçait autrefois Malthus. Mais il est lointain; tandis qu'on nous le représente comme le spectre apocalyptique de la Faim chevauchant déjà son cheval jaune sur des foules tordues de souffrance. Oui, sans doute les pays neufs s'organisent. Mais l'Inde, tout en exportant une quantité de coton, tous les ans moindre par rapport à sa production totale, en exporte cependant une masse croissante comme chiffre absolu. Il s'en faut qu'elle nous refuse les matières premières. Il en va ainsi de beaucoup de pays neufs. Prenons garde que l'exagération de ce pessimisme ne crée le danger auquel on voudrait parer.

Hildebrand en vient à dire que l'Allemagne est de ces pays à industrialisation rapide et à population rapidement croissante, à qui manqueront, demain, ou dans vingt ans au plus tard, la surface agricole à la fois et les débouchés pour ses produits manufacturés. A l'entendre, elle mourra de faim dans la pléthore de sa richesse métallurgique. N'est-il pas nécessaire alors qu'elle se jette sur les rares pays neufs qui restent encore au monde, pour se ravitailler, pour en stimuler la production agricole et pour s'assurer des débouchés ? Ne lui faut-il pas, à tout prix, de la surface arable et des marchés pour ses aciers, ses fers, ses machines, ses textiles, ses produits chimiques ? S'il y a des nations mieux nanties en fait de colonies, mais moins capables de les développer par le trafic, l'Allemagne n'est-elle pas fondée à les en détrousser ? S'il y a des puissances qui s'opposent à cet envahissement pour des raisons politiques, ne peut-elle pas alléguer qu'elle défend des intérêts vitaux ? qu'on essaie de la juguler vivante ?

« Même du point de vue socialiste, la main-mise sur des domaines coloniaux est devenue une nécessité actuelle pour l'Allemagne, comme pour les autres Etats industriels de l'Europe occidentale. Tant que des principes socialistes ne pourront prévaloir dans la répartition du domaine colonial, nous avons, nous autres Allemands, fortement désavantagés par rapport à l'Angleterre et à la France, refoulés par l'Angleterre et la France durant des dizaines d'années, à poursuivre unanimement, s'il le faut, le triomphe des intérêts vitaux durables de notre nation » (1).

Qu'on veuille bien analyser ces phrases, écrites en pleine négociation marocaine. Il y a des « principes socialistes » de répartition du domaine colonial ; et si ces principes ne sont pas observés, Hildebrand préconise la guerre, avec l'appui, non pas forcé, mais « unanimement » consenti de la classe ouvrière allemande. Le socialisme de Hildebrand parle déjà le langage des diplomates : Il veut la paix, sans doute :

« Mais l'entente pacifique n'est qu'un moyen en vue d'une fin ; c'est le développement de l'ensemble par le développement de toutes ses parties. Aucune nation, menacée ou injustement entravée dans son propre développement, n'est tenue, par amour de la paix, de consentir à la jugulation lente, parfois pres-

____

(1) HILDEBRAND, *Sozialistiche Auslandspolitik*, p. IV. septembre 1911.

que insensible dans le détail, mais meurtrière à la fin par l'effet total. Ce ne serait plus appliquer un principe socialiste, mais se condamner lâchement soi-même à une honteuse destinée. »

La doctrine démocratique et socialiste avait consisté à dire jusqu'ici que la paix était, avant tout autre, *l'intérêt vital* des peuples ; et que seules des classes gouvernantes machiavéliques pouvaient, dans l'ignorance présente des foules, faire prévaloir par surprise ou par intrigue, leurs intérêts propres et sinistres sur cet intérêt primordial de la paix. Cette paix était « sans conditions » autres que celles de l'indépendance natonale ; et il va sans dire qu'un encerclement économique, capable de couper à une nation le ravitaillement nécessaire ou de lui rendre inaccessible, à force de cherté factice, les denrées les plus essentielles à la vie, ne serait plus la paix, mais un commencement de blocus. En est-il ainsi pour l'Allemagne ? Elle est en pleine ascension économique. L'accroissement de sa population, que n'affaiblit plus aucune émigration, atteste à lui seul sa prospérité. Son revenu général augmente avec une vitesse sans précédent. L'aspect de ses villes est méconnaissable, depuis quinze ans, tant elles sont bouleversées par une vie municipale intense. Elle entasse des milliards d'économies dans les bas de laine les plus humbles et en engage davantage dans des entreprises chaque jour plus nombreuses. Ses ventes sur les marchés anglais et français vont en croissant. Ses journaux, ses revues, ses périodiques fument depuis une génération de l'encens qu'elle se brûle à elle-même sans se lasser. C'est le moment que des socialistes choisissent pour s'écrier qu'on l'étrangle ; qu'elle est dans le cas de légitime défense ; et que ses classes ouvrières se doivent de venir au secours d'une Allemagne ainsi meurtrie ? Pour qui nous prend-on pour nous croire impressionnables à de pareilles menaces ? Bismarck seul eût trouvé la parole qu'il faut, parce que seul il savait user de stratagèmes du même cynisme : « On nous prend pour un Parlement », et pour un Parlement allemand.

Gerhard Hildebrand parle de répartition « socialiste » du domaine colonial. De quels autres biens ne pourrait-on pareillement, au nom de ce singulier socialisme, réclamer une nouvelle répartition ? Il faut nous attendre à ce que les cinq milliards que la France a cédés de son patrimoine liquide en 1871 soient présentés sous peu comme une mesure de socialisation ; et aussi bien le socialisme revisionniste, celui de Bernstein non excepté, parle couramment des événements de 1866 et de 1870, comme d'une « révolution », probablement prolétarienne. Hildebrand dresse un tableau des domaines coloniaux des États européens : les kilomètres carrés dévolus à l'Allemagne lui paraissent trop peu nombreux. Que ne faisons-nous valoir de même que notre sous-sol a peu de charbon et de fer ? Les principes « socialistes » d'Hildebrand nous autoriseraient peut-être à réclamer les mines de la Belgique et quelque compensation sur la Ruhr. Notre population peut-elle se développer sans les richesses du sous-sol qui ont permis à l'Allemagne l'expansion de sa natalité ? N'est-ce pas nous qui sommes jugulés, parce que la diplomatie et des événements séculaires nous ont refusé ces frontières naturelles que poursuivait, jusque sur le Rhin, la politique de notre ancien régime et de la Révolution française ? Nous avons renoncé à une telle politique.

Peu importe que dans notre renonciation, il y ait des raisons de prudence. Nous avons, en maintenant sur les Vosges une barrière que l'Allemagne elle-même doit craindre d'attaquer, cherché et réussi à fonder un empire colonial, qui nous permette de traiter d'égaux à égaux avec des puissances mieux favorisées économiquement par ailleurs. Mais quand il s'est constitué avec une immense dépense de milliards, d'efforts scientifiques et de sang, prétendre nous persuader qu'il faut le « partager » avec les pays plus prolifiques de l'Europe industrielle, c'est peut-être une bonne plaisanterie tudesque, mais il n'en faudrait pas beaucoup de cet ordre pour augmenter chez les socialistes français cette répugnance de la « camaraderie » allemande, qu'ils rapportent de tous les Congrès internationaux un peu fortifiée (1).

Qu'on ne taxe pas mes dires d'exagération. Pour Hildebrand la cession du Congo est un « palliatif » (*Notbehelf*).

« Les disproportions incroyables qui existent dans la répartition du domaine colonial européen devront disparaître. Les revendications légitimes des États jusqu'ici moins favorisés devront être mises en évidence, reconnues par les autres Etats (2). »

Autrement ce sera la guerre. L'Autriche-Hongrie, en raison de sa forte natalité, aura le droit de dépouiller la Turquie en Europe et en Asie Mineure. Mais d'autres pays sont

---

(1) M. Aristide Briand disait au Congrès d'Amsterdam déjà : « J'en ai assez de cette *Genosserie*. » (Les socialistes allemands se désignent du nom de *Genossen*.) On ne sera pas tenté de chercher de la grandeur dans les raisons qui ont motivé le changement de politique de M. Briand, mais d'autres que lui ont éprouvé la même déception devant l'attitude des socialistes allemands. Dès Amsterdam, Bebel, emporté par son pathétique loyalisme, avait dit que « l'Empereur allemand est au-dessus des partis ». L'admirable lutteur est fils de sous-officier prussien. Quand on a cela dans les veines, c'est pour longtemps.

(2) Hildebrand, *loc. cit.*, p. 27.

des proies toutes désignées. Ce serait folie de laisser au Portugal des colonies que depuis des siècles il se montre incapable de faire prospérer. L'Allemagne (qui il y a moins de cinquante ans n'avait pas réussi à prospérer elle-même) se doit d'assumer une sorte de préceptorat des nations attardées, et vertueusement assurera la prospérité de l'Angola ou du Mozambique en les annexant. Pour amadouer l'Angleterre, tutrice séculaire du Portugal, on lui jettera une part du gâteau.

On offrira sans doute d'indemniser la République portugaise. Mais si elle refuse, par dignité ? Ce sera la guerre ; et le Portugal ne gardera pas davantage ses colonies, mais il perdra l'indemnité. La France devra céder la Somalie et Obock à l'Italie, et s'estimer satisfaite, si on lui donne en échange la Guinée portugaise. La Belgique et la Hollande n'ont qu'à se bien tenir. On les ménage. Elles sont plus vertueuses que le Portugal. On tolérera leurs colonies du Congo et de l'Insulinde, pourvu qu'elles garantissent sérieusement la « porte ouverte ». Pourquoi de pareilles garanties ne sont-elles pas dues au Portugal ? Hildebrand ne trouve pas « socialiste » que le petit Portugal ait de grandes colonies. Des titres historiques, il n'a cure. Il a le front de dire et de croire que de tels titres sont provisoires et peuvent être invalidés constamment, quand un peuple aussi prolifique, aussi vertueusement actif que l'Allemagne a besoin du domaine des plus faibles ou des plus arriérés, pour en faire valoir les « forces productives ». Cette brutalité n'est pas nouvelle. On la retrouve chez les folliculaires salariés de la teutomanie courante, aristocratique et bourgeoise. La *Gazette de la Croix* en vit et la *Gazette de Voss*, quoique libérale, en suit le sillage. Dans les *Preussische Jahrbücher*, le professeur Hans Delbrück est saisi du même délire ; et Max Harden, dans la *Zukunft*, se fait une petite fortune en ameutant les chauvins de l'Empire par ses hurlements frénétiques. Mais on n'avait pas encore eu l'aplomb de faire passer ces brutalités pour du socialisme.

II

LES AUTRES COLONIAUX
SOCIALISTES

Il y a donc désormais en Allemagne un socialisme teutomane, colonial et détrousseur ; et le danger n'est pas que Gerhard Hildebrand le représente, mais qu'on ne sache plus où se trouve exactement la ligne de démarcation entre ces socialistes qui se jouent de l'idée de guerre et les socialistes d'autrefois. Il y a une sorte de duperie, de la part des Français, à venir écouter et applaudir à la salle Wagram quelques vieux sergents de l'idéalisme, tels que Scheidemann, et à ne pas se douter que les cadres seuls du vieux bataillon subsistent, tandis que les effectifs se gonflent de jeunes socialistes d'affaires. Il faut en prendre notre parti. Le socialisme allemand nouveau sera impérialiste. Un vieux levain de rodbertisme et de lassallianisme le travaille. La passion d'avant 1870 se joint à la mégalomanie nouvelle. Rodbertus un jour écrivait à Lassalle, en 1863 :

« J'espère voir le jour où l'héritage turc sera tombé entre les mains de l'Allemagne et où des soldats allemands camperont sur le Bosphore. »

Et Lassalle de répondre avec des cris de joie: « Nous semblons être frères siamois par l'esprit (1) ! » Le mal est ancien, mais il était latent. Le livre fameux et fumeux de Bebel sur *la Femme*, dès sa publication, il y a trente ans, développait des projets coloniaux. Il laissait dans le vague les difficultés du partage national. Mais il imaginait des Allemands par centaines de mille s'installant au Portugal, dans les principautés danubiennes, en Turquie, au Brésil ; il suffisait que la situation intérieure et internationale de ces pays fût mieux assurée (2). C'est là le point de doctrine coloniale que le socialisme allemand a examiné avec insistance ces dernières années. Or, sa réponse est : *Impérialisme*.

---

(1) *Briefe von F. Lassalle an Carl Rodbertus-Jagetzow*, éd. Ad. Wagner, lettre du 8 mai 1863.

(2) BEBEL, *Die Frau*, p. 206. Je cite d'après la 7ᵉ éd. (1887), assez voisine du texte de l'édition princeps.

Cela est très important. Le socialisme allemand, comme tous les socialismes, a été pacifique et libre-échangiste. Il ne se refusait pas à des mesures de précaution destinées à protéger les classes ouvrières de chaque pays contre le danger mortel des trop brusques invasions de la main-d'œuvre ou de l'importation étrangère. Mais la garantie la plus haute de la solidarité économique internationale lui paraissait être ce régime de la *porte ouverte* qui, dans nos récentes négociations sur le Maroc, a joué son rôle. Il importe qu'on sache pourquoi des socialistes allemands de marque ont soutenu la diplomatie allemande dans des chicanes destinées à obtenir des clauses de *condominium* très éloignées du régime de la libre concurrence. Pour ces théoriciens, le libre-échange n'est pas un idéal normatif, destiné à se fortifier par la complexité grandissante des connexions économiques. Il est d'ores et déjà une survivance. Ce qui l'a remplacé dans le capitalisme contemporain, c'est l'*impérialisme*, et l'impérialisme n'est pas une rétrogradation et une adaptation des méthodes nouvelles de production et de trafic à des formes politiques obstinées à ne pas périr. Il marque une phase plus haute de développement capitaliste. Il ne peut donc être d'une bonne politique prolétarienne de professer le libéralisme manchestérien, la libre concurrence et la doctrine de la « porte ouverte », quand cette doctrine est dépassée par le capitalisme. Le régime intérieur des Etats socialistes abolira la concurrence anarchique, comme les capitalistes déjà la modèrent par les *trusts*. Il faut, parallèlement, dans les relations internationales que le socialisme suive, afin de pouvoir bientôt la devancer, l'évolution ébauchée par le régime capitaliste. Le libre-échange est réaction. Le passage par la phase impérialiste est indispensable. Il n'y a plus de nations qui concourent ; il y a des empires économiques enchevêtrés, et qui traitent souverainement.

Un Autrichien de talent, Rudolf Hilferding, inventa la théorie (1) et les Allemands d'em-

---

(1) Rodolph HILFERDING, *Das Finanzkapital*, 471, Wien, 1910. C'est le livre auquel M. Jean Jaurès a fait ré-

boîter le pas. Max Schippel a toujours été un
bon Prussien. Ce marxiste teinté de rodbertisme a toujours été disposé à l'attitude fron-
deuse contre le doctrinarisme humanitaire.
Le voilà se gaussant des réformateurs socialistes et de leurs *leader-articles* de pacifisme
libre-échangiste. L'impérialisme est « la force
révolutionnaire » que la classe ouvrière ne
peut que seconder, et qu'elle serait mal avisée
de combattre. On parle de pénétration pacifique dans les pays neufs. Est-ce sur leur
pouvoir *d'achat* ou sur leur *pouvoir de vente*
que l'on compte le plus ? Les veut-on considérer comme des *débouchés* nécessaires ou
comme des *sources de ravitaillement ?* Schippel n'a pas de préjugés, et il a peu de senti-
mentalité. Dans l'un et dans l'autre cas, il est
d'avis de discipliner les pays neufs par la
force. L'Europe a besoin d'or, de coton, de
laine, de caoutchouc et d'étain. Veut-on attendre que les Hottentots et les Peaux-Rouges les
produisent ? Le capitalisme européen ira

---

cemment les honneurs de la tribune française, et qui
mérite en effet l'étude la plus approfondie.

chercher ces produits en Afrique, à Malacca, ou dans l'Insulinde, si le besoin commande et ce besoin est impérieux. Parler de *liberté de commerce* n'a de sens qu'entre nations policées. C'est une de ces libertés qu'il faut *imposer* aux indigènes. Car le commerce a besoin de sécurité dans les contrats, dans son trafic, et il lui faut les sanctions d'une justice pénale et civile très organisée. Voilà ce qui entraîne l'intervention militaire et politique des nations commerçantes (1).

Mais aussi bien Schippel ne croit pas que la conquête des débouchés, comme se le figure Hildebrand avec Sismondi, ou la conquête des denrées coloniales, comme le croyait List, soient les raisons principales qui nous poussent à annexer des pays neufs. L'œuvre de la colonisation ne présente ses types achevés et tout son cycle de développement que dans la colonie de peuplement. L'exemple américain du Middle et du Far West restera toujours classique. Les peuples

____

(1) Voir pour tout ce qui suit MAX SCHIPPEL, *Imperialismus und Manchestertum* (*Sozial, Monatshefte,* 1912, fasc. 18-20).

expansifs poussent devant eux des essaims de pionniers. Ces avant-coureurs trouvent devant eux des pays de trois sortes : 1° des pays de forêt vierge ; 2° des steppes ; 3° des placers et des gisements miniers. Dès que les colons ont choisi leur habitat, on assiste à un développement productif, où l'on distingue en gros deux échelons : 1° une première exploitation primitive, extensive, abusive. La forêt vierge est mise à mal par des populations de bûcherons barbares. Elle fournit ses hautes futaies que d'énormes scieries débitent. Dans le steppe se multiplient les fermes énormes, à exploitation hâtive, mécanique, et qui appauvrit le sol : des minoteries monstres seront l'industrie qui s'élève sur cette base agricole. Le minerai s'extrait longtemps au ras du sol. Mais 2° : l'exploitation se fait savante. La forêt fournit des bois travaillés, du papier. L'agriculture joint à la grande production des céréales le pâturage savant, la production en grand des viandes de boucherie abattues sur place, et expédiées au loin. Les industries extractives se complètent sur place par des industries manufacturières. C'est cette gestion intensifiée qui appelle l'afflux des populations nouvelles ; et c'est elle qui constitue le *débouché* des industries du dehors. Les pays neufs appelleront, en se développant, les produits de la civilisation plus avancée. Il n'est pas indifférent à nos vieux pays d'avoir ou de n'avoir pas une telle clientèle de pionniers enrichis. Et qu'on ne reproduise pas, avec Gerhard Hildebrand, l'objection tant de fois répétée, que ces colonies de peuplement conquièrent leur indépendance tôt ou tard. Elles constituent longtemps une force et assurent pour l'avenir entier une influence. La fidélité intellectuelle et les relations économiques survivent au lien politique. Schippel aurait accepté sans sourciller pour l'Allemagne une colonie de peuplement au Maroc, fût-ce avec la perspective de voir se détacher de l'Empire, dans deux cents ans, un Maroc indépendant de langue allemande.

Que notre industrie européenne trouve un débouché dans les indigènes gagnés à notre civilisation, ou dans des colonies peuplées de nos pionniers, il faut donc des colonies. Le socialiste Ludwig Quessel ne méprise pas les matières premières recueillies à bas prix et ne fait pas fi des débouchés, surtout s'il s'agit d'en évincer l'Angleterre. Il lui est indifférent d'être l'élève de maîtres aussi vieux que Sismondi et Frédéric List, si le profit est contemporain. Les « révisionnistes » allemands sont eux aussi « hommes de réalisation » (1). Mais ne peut-on importer des cafés ou exporter des quincailleries sans s'emparer du territoire des gens de qui l'on accepte les uns et que l'on comble des secondes ? Ne devons-nous pas prévoir une objection bien simple : « Toutes les nations en ont fait autant » ? Et de ce que l'on est socialiste, en fait-on moins partie d'une nation ? L'objection en effet est tout à fait intelligible. Nous sommes habitués à traiter avec l'Allemagne de nation à nation ; et nous la savons voisine peu commode. Nous comprenons bien aussi une classe ouvrière allemande qui se déclarerait prête à poursuivre

---

(1) Voir L. QUESSEL. *Die œkonomische Bedeutung des Imperiums. (Sozial. Monatshefte*, fasc. 12, 1912.)

une politique nationale. Nous ne trouvons à cela rien à redire. Nous ne croyons pas les ouvriers allemands tenus d'être plus idéologues que les capitalistes allemands. Mais il nous faut savoir si c'est la nation allemande qui désormais parle par la voix du socialisme allemand; et le nationalisme n'est pas le socialisme.

Il faut, disent nos socialistes de la nouvelle observance, occuper les pays neufs, en vertu de ce vieil adage capitaliste que « le commerce suit le pavillon ». Un démocrate autrichien, Springer, fonde là-dessus ses prévisions pour le développement économique de la monarchie austro-hongroise (1). Quessel lui emprunte l'adage et en étudie l'application. Il y a avantage à posséder territorialement des colonies : 1° parce que l'État colonisateur ou les Sociétés concessionnaires n'achètent du matériel de pont, de chemin de fer, enfin l'outillage des ports et de la défense mi-

---

(1) Rudolf SPRINGER, *Grundlagen und Entwicklungsziele der œsterreichisch-ungarischen Monarchie.* 1906, p. 220.

litaire des colonies que dans la métropole ;
2° parce que l'importation des objets de consommation, vêtements, laines, cotons, même
quand l'Etat n'est pas acheteur, profite encore à la métropole, en raison des relations
d'affaires habituelles. Pour ces raisons, l'Inde
anglaise importe trente fois plus de métallurgie anglaise que d'allemande ; et trente-qua-
tre fois plus de cotonnades anglaises que de cotonnades d'Allemagne. Pourtant, aux Indes, la
porte est ouverte à toutes les industries allemandes. De son côté, l'Allemagne importe dès
maintenant trente-deux fois plus de métallurgie que les Anglais dans ses colonies propres,
où cependant les Anglais ont des droits égaux
à ceux des nationaux allemands. On voit par
là combien peu diffère de Hildebrand, exclu
du parti socialiste, Ludwig Quessel, son dé-
fenseur, qu'on y maintient.

« La haine contre l'Angleterre, qui de tous
les écrits des impérialistes allemands nous
souffle au visage comme une flamme brûlante,
ne nous apparaît pas comme un égarement
mental, mais comme l'expression d'une ré-

volte économiquement très fondée des classes possédantes d'Allemagne. »

Mais à cette haine anglophobe professée par les classes possédantes, Quessel associe le ressentiment des classes ouvrières.

Il restait que le socialisme était internationaliste, et avait des principes qui lui interdisaient d'exploiter les peuples. Ouvrons un marxiste intransigeant, Atlanticus, préfacé pour plus de sûreté, par le vigilant Cerbère de l'orthodoxie, Karl Kautsky. C'est une vieille brochure. On lit avec étonnement dès 1898 :

« Le domaine colonial de l'Allemagne est un facteur littéralement décisif de la solution du problème social (1). »

Croit-on que la terre passera tout entière et d'un seul coup au socialisme ? et que l'équitable régime d'échanges internationaux, que l'on peut attendre un jour de la République mondiale unique, s'improvisera demain ? D'ici là, échangeons d'une façon inique, mais

____

(1) ATLANTICUS, *Ein Blick in den Zukunfts-Staat,* p. 20.

fructueuse. L'État, même socialiste, aura besoin de terres nouvelles pour assurer son ravitaillement en denrées coloniales, et peut-être pour nourrir le troupeau de dix millions de bœufs et de trente millions de moutons qu'il faut à l'Allemagne à brève échéance. Ainsi donc, ne votons plus contre le budget des colonies. Demandons plutôt à l'État de créer lui-même des stations d'agriculture tropicale de grand style. Donnez-nous des colonies, et encore des colonies ! (*Her mit den Kolonien ! Mehr Kolonien !*) (1). Et les revues révisionnistes de remarquer que MM. Dernburg et de Lindequist, ministres impériaux des colonies, avaient toujours eu beaucoup de sympathies dans les classes ouvrières.

Cela est vrai : mais il y a les indigènes. Qu'à cela ne tienne. La conception matérialiste de l'histoire sait entonner la flûte pastorale. De même qu'elle abandonne le libéralisme manchestérien en fait de trafic, elle abandonne les vieilles protestations libérales

____

(1) *Ibid.*, p. 19.

contre le colonialisme. « *Kolonialpolitik zu treiben*, dit Bebel au Congrès d'Iéna, *kann unter Umstaenden eine Kulturtat sein.* » On ira aux indigènes « en libérateurs, en amis, en éducateurs secourables à leur détresse »; et Kautsky de renchérir dans sa brochure : *Sozialismus und Kolonialpolitik.* On introduira des méthodes de gestion plus humaines que le salariat actuel. Il est défendu d'exploiter les peuples conquis, mais il est permis de les faire travailler et de travailler parmi eux ; et, l'enthousiasme le saisissant, le vieux régent de collège du socialisme allemand nous fait voir les peuples neufs initiés aux méthodes laborieuses de l'Europe qui leur assurent une richesse plus grande. Puis il montre l'inconvénient minime d'installer, sur de vastes surfaces médiocrement peuplées, des populations vigoureuses de pionniers, qui, débarrassées des fardeaux dont est opprimé le travailleur en Europe (rentes foncières, impôts, service militaire), développeront dans leur pleine liberté les procédés scientifiques, qu'ils auront apportés dans leur bagage. C'est bien aussi le sens et la teneur du manifeste électoral du parti socialiste en 1901 (1). Ayant retourné l'opinion des foules par ces prédications humanitaires, il sera toujours temps de procéder à l'examen technique des difficultés.

Ce sera Ludwig Quessel qui s'en chargera, et qui, dans sa manière sardonique ordinaire, passera au crible les derniers scrupules de Kautsky. Or, voici ses résultats :

1° *Initiation fraternelle des indigènes.* — Croit-on vraiment que jamais des Herreros ou des Namaquas manifesteront aucune envie de s'approprier les méthodes économiques supérieures des Allemands ? Et quand ils en auraient envie, au bout de combien de temps les en croit-on capables ? Or, il faut à la consommation allemande du cacao, du café, du coton et de la viande tout de suite.

2° *Occupation de territoires de population clairsemée.* — Où a-t-on jamais vu de pareils

____

(1) « On peut concevoir une politique coloniale à laquelle nous aussi nous pourrions donner notre assentiment. » Principes : 1° ne pas opprimer les indigènes ; 2° être les amis des indigènes. (*Wahlaufruf* de 1901.)

territoires ? La population d'un pays primitif nous paraît clairsemée parce que nos méthodes de production intensifiée ont permis de longue date aux pays européens de nourrir des populations denses. Il faut à un Herrero dix hectares pour nourrir un bœuf, dans son pays de végétation maigre. A eux seuls, qui n'étaient que cent mille hommes, les Herreros avaient besoin de toute l'Afrique Occidentale allemande entre le 19° et le 22° de latitude Sud pour leurs rares troupeaux ; et si les Hottentots, leurs voisins méridionaux, venaient les razzier, les trouvant trop riches, c'est que l'agriculture hottentote est encore plus misérable. Du point de vue indigène, un territoire n'est jamais vide. C'est pourquoi les guerres d'extermination sont inévitables, quand une population du dehors, en débarquant dans un pays neuf, essaie d'une « pénétration pacifique ». Jamais une population conquise ne se contente des « réserves indigènes », si vastes que les conquérants les lui fassent. Et moralement, elle se sent toujours dépouillée. Mais nous avons besoin, nous Européens, de surfaces cultivables tout de suite.

3° *Supériorité technique des Européens.* — Il est sans doute réel que les Européens disposent de méthodes très perfectionnées. Mais où a-t-on jamais vu de colonies où elles fussent appliquées ? Le manque de bras ramène les méthodes d'exploitation primitives. Le provisoire de la première installation et la nécessité de couvrir au plus vite les premiers frais obligent à des procédés de récolte qui compromettent l'avenir. On dépouille d'autant plus les indigènes que l'on ruine leur pays par une expoitation plus abusivement rapace. Or, c'est là le fait général (1).

Pourtant, il reste vrai qu'il nous faut impérieusement les matières premières des colonies. Chaque usine qui se fonde en Europe appelle fatalement une extension coloniale. Il nous faut des colonies alors même que : 1° les indigènes des pays neufs ne veulent pas nous accorder la liberté du commerce ; 2° qu'ils ne

---

(1) Ludwig QUESSEL, *Der Wert unserer Kolonien (Sozial. Monatshefte*, 1912, fasc. 18-20).

veulent pas nous céder une parcelle de leur territoire, toujours trop étroit ; 3° alors même qu'ils sont incapables d'améliorer leurs méthodes de production, pour être à l'aise sur une terre rétrécie ; 4° alors même qu'il nous faut bien envoyer d'abord dans les pays neufs une colonisation de rapine. Ce sont là des faits. Comment s'en tirer ?

Le vieil et pur Atlanticus déjà répondait : 1° par la conquête politique ; et en instituant sur les terres conquises le « travail forcé » des indigènes. Ce travail sera-t-il de l'espèce que les Compagnies belges, de triste réputation, avaient institué au Congo ? Non sans doute. Il s'agit de faire sur les nègres un essai de ce que sera le régime socialiste en Europe. Dix années de travail forcé pour les 3.000.000 de nègres de l'Est-Afrique allemande paraissent à Atlanticus une jolie expérience de République sociale. Déjà il voit en pensée 200.000 hommes cultivant le café sur 300.000 hectares. En comptant 1.500 kilos de café par hectare, cela ferait 450 millions de kilos, quatre fois la consommation allemande. L'Allemagne remplacerait enfin le *Blümchenkaffee* de ses classes pauvres, fait de glands et de haricots torréfiés. On donnerait aux nègres des vêtements et des victuailles, venus d'Allemagne, pour 100 à 150 millions de marks : Le bénéfice serait rondelet, au cours où se vend le café à Hambourg. Mais que devient la théorie de l'exploitation de la force de travail frustrée des plus-values qu'elle crée ? N'y a-t-il plus de condamnation de la « plus-value », quand il s'agit d'enrichir en bloc le prolétariat allemand ? Cette doctrine est-elle aussi une survivance ?

2° Il faut, ajoutent d'autres, faire appel à l'Etat, former de grandes Compagnies, et avec leur aide, procéder à cette colonisation savante que Kautsky croit habituelle, et qui, sans exister nulle part, serait cependant possible. La Mongolie, grande cinq fois comme l'Allemagne, la Babylonie et la Mésopotamie sont réclamées pour de tels projets par la *Volkszeitung* socialiste de Leipzig (15 juin 1912). Le projet fameux du chemin de fer de Bagdad est lié pour tous les Allemands à l'idée d'une vaste entreprise de drainage et d'agriculture intensive, qui permettrait entre le Tigre et l'Euphrate une immense colonie allemande de peuplement. L'Allemagne ambitionne de refaire là-bas l'*Eden* antique du monde, l'Irak-Arabi où au moyen âge encore, jusqu'à l'invasion tartare, les récoltes rapportaient deux et trois cents fois la semence. Comment le socialisme s'y opposerait-il ? Il est vrai que l'entreprise supposerait d'immenses avances de fonds. Le socialisme approuverait donc les opérations du capital et les revenus capitalistes ? Quessel n'en disconvient pas (1). Mais comment s'appelle la politique qui seule fournit au capitalisme les moyens d'action extérieure dignes de lui ? Hilferding et Schippel nous l'avaient dit : *Impérialisme.*

3° Il s'ensuit que le groupe socialiste au Reichstag vote avec une régularité croissante les crédits coloniaux. S'il n'a pas voté autrefois les crédits pour la guerre contre les Her-

____

(1) *Sozial. Monatshefte*, 1912, fasc. 18-20, p. 1126.

reros, il a publiquement manifesté qu'il n'entendait pas non plus les refuser (1). Il n'a pas voté l'extermination de tout un peuple ; mais il ne s'y est pas opposé ; et les regrets qu'il en exprime aujourd'hui se réduisent surtout au regret de la faute économique commise par la destruction de la plus indispensable main-d'œuvre. Il faut qu'on nous comprenne bien. Nous ne reprochons pas à Bebel d'avoir voté des dragues pour le port de Swakopmund ; à Südekum et à Noske d'avoir voté en commission au Reichstag les crédits pour maintenir 500 hommes de plus en Chine après la Révolution. Ce sont là des mesures de protection élémentaire. Personne ne soutiendra que les Allemands expatriés assument *ipso facto* tous les risques de leur expatriation, et que le Gouvernement allemand n'ait pas le droit de les protéger. Ce que nous disons, c'est que cet essaimage a pourtant ses limites qui sont présentement méconnues des socialistes. Südekum ne craint pas de dire

____

(1) V. SÜDEKUM, *Schutz der Deutschen im Ausland.* (*Sozial. Monatshefte*, même numéro.)

que des commerçants et des ouvriers émigrés sont des ambassadeurs ; et il voudrait les revêtir de l'immunité diplomatique (1). Les pionniers les plus nombreux, ajoute-t-il, sont toujours des prolétaires ; et sans doute, par cette remarque, croit-il donner une couleur socialiste à des revendications militantes, fourrées, à l'allemande, de prétextes juridiques et patelins. En fait, plus d'un pays, même neuf, sera souvent dans l'obligation de refuser les lettres de créances à ces ambassadeurs aux mains trop avides, comme les Etats-Unis refusent au débarcadère quiconque ne dispose pas d'une somme *minima*.

Si tous ces émigrants ouvriers, commerçants, ingénieurs, savants, revenaient en Allemagne, notre nation, reprend Südekum, ne serait-elle pour autant éliminée de l'économie mondiale ? Evidemment. Mais les citoyens des pays où ils s'installent ne sont-ils pas fondés à prendre des garanties, pour n'être pas éli-

---

(1) SÜDEKUM, *Schutz der Deutschen im Ausland.* (Sozat (*Sozial Monatshefte*, 1912, fasc. 18-20),

minés eux-mêmes de leur marché national ? Sydney Webb a dit un jour que si la République sociale se fondait quelque part, son premier souci serait de se défendre contre le flot des immigrants « indésirables ». Toute grève ouvrière importante connaît le principe fraternel : « *Zuzug ist fernzuhalten* ». Il s'en faut que les socialistes nouveau style respectent ce vieux principe. Même en régime socialiste, d'après Südekum, l'émigration ne cessera pas. La vie de chaque pays sera encore plus mêlée à la vie économique du globe et plus coloniale. « Il faudra toujours des vaisseaux de guerre et des troupes de police. » Pour un peu, il dirait : « Il faudra des vaisseaux et des troupes en plus grand nombre. » Le parti socialiste international ne pensait pas non plus détruire les sécurités conquises par les nations civilisées dans le monde. Sa besogne précise était d'organiser, pour cette sécurité de tous, des garanties internationales. C'est cette besogne que compromettent les nouveaux théoriciens.

III
POLITIQUE ETRANGERE SOCIALISTE

On conçoit donc l'attitude du parti socialiste allemand dans les dernières années. Il a été tout à fait un parti conquérant dans l'affaire marocaine. Dès 1905, Bebel accusait le Gouvernement allemand de tiédeur. Sa préoccupation capitale était d'empêcher la France d'acquérir la prédominance au Maroc ; et il escomptait pour une pression énergique sur le Gouvernement français le concours diplomatique ou militaire de l'Italie, de l'Espagne, de l'Autriche (1). Il serait difficile de compter les manifestations socialistes qui se sont succédé en 1911, pour protester contre la « tunisification » du Maroc. Même après le traité de novembre 1911, il est arrivé au *Vorwaerts* de regretter le ministre des Colonies von Lindequist, démissionnaire parce qu'il jugeait insuffisantes les compensations congolaises. Ces jours-là, les manifestations du *Vorwærts*, sous d'apparentes sévérités pour

____

(1) Discours de Bebel au Reichstag, du 29 mars 1905, du 7 déc. 1905.

M. de Kiderlen-Waechter, se confondaient avec la manifestation bruyante du Kronprinz, et elles étaient plus impérialistes que l'Empereur (1). La *Leipziger Volkszeitung* s'enhardit à écrire (le 24 août 1911) que le Gouvernement allemand a renoncé à toute attitude de « traîneurs de sabre ». Le « coup d'Agadir », pour cet aimable journal socialiste, n'est qu'un avertissement un peu vif, une façon un peu bourrue de quémander des compensations qui, ne pouvant dès lors être esquivées, amélioreraient les relations franco-allemandes et, par la même occasion, « donneraient le coup mortel à la Triple-Entente ». Il est d'une mentalité très allemande de ne pas oser qualifier l'espèce de chantage militaire qui a constitué le « coup d'Agadir » (2) et l'on

---

(1) Nous savons bien que le *Vorwaerts* a aussi publié des articles de tendance contraire, et que la *Leipziger Volkszeitung* s'est permis les mêmes palinodies. Cela prouve qu'il y a encore des incohérences dans la politique étrangère du socialisme allemand. Notre besogne est ici de signaler les courants nationalistes dans ce socialisme. Sur tout cet imbroglio, v. MAX SCHIPPEL, Marokkofragen (Sozial. Monatshefte 1911, fasc. 24).

(2) RADEL, *Der Neu Marokko-Kurs*, dans la revue officielle du socialisme allemand *Neue Zeit*, dit de même que les Allemands n'avaient jamais songé à une base navale ou à une conquête dans le Souss.

ne voit pas ce qu'il peut y avoir de socialiste à vouloir donner le coup mortel à la Triple-Entente, quand non seulement on ne trouve aucune sévérité pour le ministre qui a accrédité dans la diplomatie des procédés de maquignon levantin, mais quand, mieux encore, on le trouve modéré. Max Schippel a raison de dire que le socialisme d'aujourd'hui regrette seulement d'avoir trop blâmé ce ministre. Il est de fait que si le Gouvernement allemand avait cédé aux mises en demeure qui réclamaient la convocation du Reichstag, il aurait été entraîné à de pires aventures qu'à celle de son chantage naval, et il est probable que le groupe socialiste eût participé (l'attitude de Bebel le prouve) à ce déchaînement de frénésie nationale.

Aussi bien Max Schippel avait-il dès longtemps reconnu dans la politique coloniale un instrument efficace de politique européenne. Il faut rappeler les faits. Il n'est pas exact que l'Angleterre ait jalousé en toute occurrence l'expansion coloniale allemande. Stanley, prévoyant l'avancée des Russes, avait, il y a vingt ans déjà, conseillé d'intercaler des tampons allemands entre Pékin et Hong-Kong. Ce fut le départ de la création de Kiao-Tcheou et de la convention de Yang-Tsé-Kiang. Ces enclaves allemandes eussent été difficilement défendables en Asie, mais elles ne pouvaient être menacées par les Russes sans que ces derniers fussent obligés à faire front en Europe. L'Allemagne, en ce temps-là, attacha plus de prix à l'amitié russe qu'à ses colonies en Chine. Contre la Russie envahissante, c'est alors le Japon qui fut l'épée anglaise, et ce fut aux dépens de la France que l'Allemagne essaya de se dédommager. A cela Schippel ne trouve rien à redire, et il a derrière lui tous les « révisionnistes ». Le point obscur est seulement de savoir s'ils se croient assez dédommagés à présent. C'est donc bien toute la politique internationale qui est mise en question par ces questions coloniales.

Il me faut prendre ici une précaution qui n'a rien d'oratoire. Je crois les socialistes allemands très patriotes; je trouve leur patriotisme légitime et je ne feindrai pas à ce sujet l'étonnement de ceux qui ont coutume de les opposer comme des parangons de vertu à nos socialistes « sans patrie ». Nous concevons à merveille la riposte que fit à nos adversaires Bebel au Reichstag : « En cheveux blancs encore, je prendrais le mousquet si l'Allemagne était victime d'une agression étrangère. » Ce qui est nouveau, c'est qu'il ait dit au Congrès d'Iéna :

« La question du désarmement ne nous séparera plus à l'avenir. Le mot d'ordre n'est pas de désarmer, mais d'augmenter les armements. »

La nouveauté est encore que la *Leipziger Volkszeitung* puisse se gausser de ce qu'elle appelle la « manie du désarmement fraternel et autres panacées de cette sorte » qu'elle reproche à Jean Jaurès (1). Nous trouvons naturel que Kautsky, dans la *Neue Zeit*, ait affirmé que le système des milices, préconisé par les socialistes, ne signifie pas le désar-

____

(1) « Abrüstungsbrüdertum und Sonstiges aus dieser Verwandtschaft. » (*Leipz. Volkszeitung*, 28 septembre 1911.)

mement et n'est pas de nature à supprimer la rivalité des armements à outrance. Il s'ensuit assez tristement que les fonderies de canons ne perdront rien à ce que l'armée se démocratise. Nous ne pouvons reprocher à Kautsky cette conclusion, puisqu'elle est une prévision de fait ; et il faut nous y résigner, puisqu'il est impossible de ne pas souhaiter que les armées démocratiques de l'avenir, aux prises avec ce qui reste des armées de régime absolu, n'aient pas le meilleur et le plus abondant matériel de guerre. Mais ce qui surprend et ce qui révolte, c'est que des socialistes puissent ne pas considérer la propagande des pacifistes comme parallèle à la leur; et l'on ne voit pas pourquoi le parti socialiste allemand envoie des délégués au bureau international de Bruxelles, si, par ses journaux officiels, ou par des publicistes de l'autorité de Karl Leuthner, il fait une propagande exactement inverse.

Ce socialisme-là, c'est de *l'unionisme* anglais, sans plus; et, du reste, c'est sur la doctrine de Joë Chamberlain et sur l'Empire anglais qu'il prend modèle. Il a soutenu la solidarité des classes laborieuses avec le capitalisme, avec le colonialisme. Voilà qu'il en vient à les dire solidaires des diplomates et des militaires. Karl Leuthner fait éloge non seulement de Clausewitz et de Grolman, grands par leur passé et par leur cause, mais de Roon et de Stosch, de Moltke et de ce récent général de Bernhardi qui, le cinq centième entre ses pareils, demande que la France « dans le prochain et inévitable conflit, soit si complètement écrasée, que l'Allemagne ne la trouve plus jamais sur son chemin (1) ». Leuthner ajoute qu'il ne devrait plus arriver à un grand parti parvenu à sa maturité, comme est le parti socialiste allemand, de harceler la diplomatie de son pays. C'est l'apanage des partis jeunes. Les socialistes de 1890 ont pu être les roquets aux trousses des successeurs médiocres de Bismarck. Ces aboiements n'étaient que puérils.

----

(1) Friedrich Von Bernhardi, *Deutschland und der næchste Krieg*, 1912. Sur tout ce mouvement d'idées, v. A. Tibal, *Une crise de l'opinion publique allemande* (*Revue du Mois*, 10 juillet 1912).

Aujourd'hui que le parti socialiste a déjà charge de l'Allemagne, ils seraient criminels. Le peuple anglais qui, en trente ans, a fondé l'immense Empire colonial que l'on sait, donne une leçon aux Allemands sur ce que peut être la démocratisation de la politique étrangère. Cette démocratisation n'a pas brisé la tradition diplomatique de l'Angleterre ; elle assure, en d'autres formes, la mise en œuvre d'idées restées invariables. Des idées de domination (*Machtideen*), vieilles de trois siècles, inventées par des hommes capables de discerner, avant tous les autres, les *nécessités* dont doit s'inspirer l'expansion anglaise et les *possibilités* qui lui sont ouvertes, se sont transmises aux couches profondes. La conscience du peuple a saisi aujourd'hui ces fins lointaines, ces nécessités et ces possibilités d'action. Traduisons ceci : Le socialisme allemand d'aujourd'hui absout tout le passé de la politique étrangère allemande. Il a contesté cette politique pour exercer ses forces d'opposition. Sur le point de saisir sa part d'influence aux affaires, il accorde à la dynastie, comme les partis bourgeois après 1866, son bill d'indemnité.

Désormais, on ridiculise les pacifistes tels que Fried, qui persistent à regretter tout ce que l'œuvre de l'unité, réalisable dans la paix allemande et universelle en 1848, a coûté d'astuce, de violence et de sang, et qui déplorent tout ce qu'elle a lésé de droits et laissé vivaces de rancunes légitimes (1). Le socialisme nouveau envisage comme sa tâche présente d'ouvrir la conscience populaire aux idées de domination (*Machtideen*) qui ont surgi de la victoire de 1870 ; de l'éveiller à cette forme particulière du sens politique, si vif chez les Anglais, et qui perçoit l'étroite union des intérêts populaires et des destinées de l'Etat.

A l'époque où le général Boulanger enthousiasmait les camelots français par la fringante allure de son cheval noir, plus d'un d'entre nous a entendu des révolutionnaires allemands souhaiter la conflagration dont ils es-

---

(1) K. Leuthner, *Wozu ? — Wohin ? (Sozial.. Monats hefte*, 1912, fasc. 10).

péraient, de quelque côté que fût la victoire, l'avènement de la République sociale. Quelques-uns de ces socialistes allemands souhaitaient tristement la défaite allemande. Un patriotisme paradoxal peut aller jusqu'à ces conséquences outrées. Un orléaniste français, Ernest Picard, n'a-t-il pas dit, après Sedan, qu'une journée qui nous débarrassait de l'Empire, n'était pas une journée perdue ? On n'incriminera pas le patriotisme des hommes de la Défense nationale. Mais ce patriotisme-là, qui réclame avant tout pour la patrie un régime intérieur digne d'elle, n'est plus celui des révisionnistes allemands d'aujourd'hui. La philosophie industrialiste les domine. Or il n'y a pas de défaite salutaire pour un Etat industriel. La forme politique de l'État, pense Leuthner, est secondaire au regard de sa structure économique : « *Il n'y a dans l'Europe continentale qu'un seul Etat moderne, au plein sens du mot : C'est l'Allemagne.* » Il ne se peut donc pas que cet État périsse.

Nous sommes habitués, de la part des Allemands, même socialistes, à peu de modestie.

Généralement, pourtant, leur modestie commençait, quand ils réfléchissaient à leur politique intérieure. Mais que des socialistes voient la perfection de la modernité dans le pays des hobereaux, de la police et des militaires ; dans le pays sans parlementarisme ; dans le pays où 40 millions de Prussiens n'ont pu conquérir encore le suffrage direct ; où un roi de Saxe peut abolir ce suffrage par un coup d'Etat, et où le Sénat de Hambourg peut le retirer aux classes laborieuses sans courir le risque d'être porté tout entier et noyé au vieux port, comme cela lui serait certainement arrivé si Hambourg était Marseille : voilà sûrement qui est neuf et dépasse les bornes de la plaisanterie permise. Leuthner mesure la modernité au nombre des hauts fourneaux et des grandes maisons de quincaillerie qui travaillent pour l'exportation. Une nation qui ne « kilote » pas pour le marché universel de grosse et petite métallurgie n'est pas moderne. Les ouvriers allemands n'ont rien à apprendre d'elle ; et l'intérêt principal de ces ouvriers coïncide avec les intérêts de cette grande entreprise de quincaillerie allemande qui couvre le globe. Peu importe qui la mène : Il ne faut pas qu'elle s'écroule :

« Une maison de grand commerce, rayonnante au loin dans l'auréole de sa grandeur, et qui, si elle s'effondrait dans une banqueroute, s'ensevelirait, elle et tous ceux qui y travaillent, dans les ténèbres de la misère : voilà l'Allemagne (1). »

Nous irons, là encore, très loin dans la voie des concessions. Nous ne pouvons attendre d'un Allemand qu'il souhaite la défaite de son pays ; et que le prolétariat allemand dans sa majorité ait pu la souhaiter jamais, nous ne l'avons jamais supposé. Il est exact, comme le dit Leuthner, que l'ouvrier a plus à craindre d'une défaite de son pays que le monarque lui-même. Les rois en exil, après la catastrophe, vivent heureux à Venise ou à Chislehurst. La classe ouvrière, après avoir saigné sur les champs de bataille, paie encore les contributions de guerre, et perd son

____

(1) Kard LEUTHNER, *Volksinteresse und Staatsschicksal* (*Sozial Monatshefte*, 1912, fasc. 18-20).

travail, parce que ses usines se ferment et que le vainqueur, enrichi des milliards extorqués aux vaincus, prend pied par surcroît dans les marchés d'où il les a chassés.

Aucune force au monde ne peut bâtir un édifice de liberté et de bonheur sur un peuple mutilé, appauvri de provinces importantes et coupé du marché universel par une concurrence trop forte. Nous accordons cela ; et nous préférons aussi que la République allemande sorte un jour de la transformation spontanée de l'autorité dynastique, évidée de sa force de résistance. Ce n'est pourtant pas ce que Leuthner semble espérer ou prévoir. Dans sa pensée, les catastrophes seules abattent les puissances établies sur des assises aussi solides que celles où s'enracine l'Empire allemand. La démocratie allemande a tout à craindre et n'a rien à espérer des cataclysmes qui engloutiraient l'Empire. C'est donc que le socialisme allemand d'aujourd'hui est solidaire de la dynastie et du régime que l'Empire s'est donné.

Voilà pourquoi, qu'il le sache ou non, la

conclusion de Leuthner est nettement bismarckienne. Contre une France militarisée jusqu'à la folie (*bis zum Tollpunkt*), il veut reprendre la diplomatie des « douches froides ». A vrai dire Guillaume II lui-même s'est aperçu que cette diplomatie aigrissait davantage l'opinion publique d'un peuple non encore, après tout, tombé en vassalité. Les socialistes de l'espèce nouvelle sont moins psychologues et plus bismarckiens. Leuthner se froisse des collectes pour nos aéroplanes, des revues de Vincennes, des retraites militaires organisées par M. Millerand, de tout ce qui semble prouver que l'on a moins peur de l'Allemagne et qu'on l'admire moins. Cette assurance lui déplaît chez un peuple dont la natalité diminue. Son style à l'encaustique emprunte à Max Harden ses procédés de dérision pour dire son mépris de l'armée française. On la croit forte de 534.000 hommes ? « Ces chiffres sont creuse ostentation » (1).

____

(1) Leuthner, *Vom Seekrieg zum Landkrieg* (*Sozial. Monatshefte*, 1912, fasc. 6). Leuthner oublie les 50.000 hommes annuellement convoqués de l'inscription maritime et les rengagés de terre et de mer.

Conclusion : « Il nous faut leur enlever (aux Français) la chimère de supériorité : ainsi nous calmerons aussi leurs envies belliqueuses. » Mais quelle sera la méthode de douche ? Le général de Bernhardi la connaît. Les récentes augmentations militaires de l'Allemagne en sont une première mise en œuvre. Leuthner le cite et l'approuve. Le temps n'est pas loin où le parti socialiste allemand, travaillé par ces révisionnistes nouveaux, aura cessé de refuser les crédits pour les armements nouveaux.

Que faut-il en faire ? *Wozu ? Wohin ?* La politique passée de l'Allemagne est « absence de politique, dans le bruit et dans la dépense », est « remuante inactivité ». Il faut s'attendre à ce que Leuthner, après l'avoir dénoncée, propose une politique utile et active, et qui pare à cette chute constante du prestige allemand, dont s'accompagne si étrangement la croissance des forces militaires et économiques de l'Allemagne. A cette tension de l'effort allemand, nouveau, silencieux et utile, quelle cible désignera-t-on ? Ce qu'il faut d'abord, dit Leuthner, c'est détacher de la Triple-Entente l'Angleterre, qu'une véritable « névrose de la peur y a jetée » (1). Il faut démontrer aux Anglais qu'ils n'ont rien à gagner à ce que la France soit installée sur le Rhin et la Russie maîtresse à Kœnigsberg ; et qu'ils ne peuvent que perdre à détruire Hambourg et la flotte de commerce allemande. Il faut leur faire sentir les erreurs d'une politique qui a laissé les Russes entamer la Perse « comme un artichaut », livré la clef de la Méditerranée à la France avec le Maroc, et fait surgir, dans la Tripolitaine abandonnée à l'Italie, une menace nouvelle pour l'Egypte. L'obscurité vraie de la situation présente est dans l'attitude de l'Autriche. Fébrilement, elle construit des *Dreadnoughts*, concentre sa flotte dans l'Adriatique, porte de 400.000 à 520.000 hommes l'effectif de paix de son armée, sans que personne ait songé à signaler cette réforme qui augmente de 2 millions d'hommes ses effectifs de guerre. Il y a

______

(1) K. LEUTHNER, *Weltherrschaft der Angstneurose* (*Sozial. Monatshefte*, 1912, fasc. 1).

unanimité d'enthousiasme dans toutes les classes de la population austro-hongroise pour pousser ces armements (1). Un archiduc héritier doué d'une énergie de fer et d'un sens absolutiste inflexible, gouverne cette masse hétérogène et passionnée de populations belliqueuses. Voilà le nuage menaçant. Crèvera-t-il sur les Balkans ? Sur la Pologne russe que François-Ferdinand peut songer à ajouter à la Pologne autrichienne ? Sur l'Italie où il peut vouloir une bonne fois éteindre les visées irrédentistes et qu'il faut songer à évincer de l'Adriatique ? On ne sait. Et que fera l'Allemagne ? Il lui faut préparer la guerre sur terre après avoir commis l'erreur si prolongée de préparer la guerre navale (2). Il ne servirait à rien d'être invincible sur mer, si une invasion franco-anglaise venue de Hollande, prenait à revers la défensive allemande sur les côtes de la mer du Nord. L'intérêt de l'Allemagne est la paix : Les socialistes allemands n'affichent pas plus de cynis-

---

(1) Id., *Ein übersehenes Ereigniss* (*Ibid.*, fasc. 15).
(2) K. LEUTHNER, *Vom Seekrieg zum Landkrieg* (Sozial. Monatshefte, 1912, fasc. 6).

me que les diplomates. Sans désapprouver les généraux, ils ne parlent pas encore comme eux. L'attitude que les circonstances imposent à l'Allemagne, est de se tenir adossée à l'Autriche : parce que seule cette alliance lui permet de faire front de toutes ses baïonnettes contre la France et la Russie. Mais si un François-Ferdinand mettait le feu à l'Europe, il se déduit des propres raisonnements de Leuthner, que l'Allemagne lui devrait son appui. Une défaite de son alliée serait sa défaite. Les intérêts vitaux engagent la nation au delà de la lettre des traités. Leuthner diffère de Hildebrand en ce qu'il désigne des proies à l'Autriche, et non pas à l'Allemagne. Gerhard Hildebrand en désigne à toutes les deux.

En résumé : pour le socialisme allemand néo-lassallien, les classes ouvrières sont solidaires du capitalisme ; elles sont solidaires de la politique coloniale ; elles sont solidaires d'une politique d'armements, défensive en principe, offensive, s'il le faut ; et si l'Empire allemand était entraîné dans une guerre offensive ou défensive, les ouvriers allemands ne pourraient souhaiter sa défaite. Ils sont donc solidaires de la constitution politique établie dans leur pays et, à la lettre, intéressés au maintien de la dynastie régnante. Ce socialisme est nouveau par son absence de scrupules. Il garde un souci vigilant des intérêts ouvriers immédiats. Mais il n'a pas honte d'infléchir les principes. A coup sûr, ces principes n'ont jamais été considérés comme des vérités intangibles. Ils étaient des directives générales propres à guider les classes ouvrières dans leur tactique de tous les jours, et, avec des sacrifices momentanés, destinés à assurer le contact de tous les prolétariats du monde et à maintenir la force de l'enthousiasme révolutionnaire.

La doctrine nouvelle sauvegarde les intérêts d'un seul prolétariat, le prolétariat d'Allemagne. Il est probable qu'elle l'emportera. Le socialisme allemand, ambitieux de dominer, a trop à y gagner. Des raisons de politique intérieure le pousseront à achever dans la pratique l'évolution indiquée par les nouveaux théoriciens. Le groupe socialiste au Reichstag est le plus nombreux des groupes qui composent la majorité de gauche depuis 1911. Il a laissé échapper la présidence au Reichstag pour se soustraire aux usages du cérémonial dynastique. Il sent déjà que le réalisme d'un grand parti ne peut laisser influencer ses décisions par des préjugés de cérémonial. Un jour, il laisserait échapper une part plus décisive de pouvoir ; et l'on devine qu'il ne s'y résignera pas toujours. Le Gouvernement allemand a pu diviser le bloc de gauche et différer les satisfactions qu'il devra à toute la démocratie allemande, ouvrière ou bourgeoise, en proposant des armements nouveaux. Jusqu'ici le parti socialiste a suivi machinalement sa tradition ancienne : il a voté contre les crédits militaires.

Nous saurons désormais, qu'il y a un socialisme, prêt à voter ces crédits, résolu à ne plus harceler la diplomatie allemande, et disposé à souligner sa solidarité avec la dynastie. C'est le seul socialisme qui puisse jamais accéder au pouvoir ; c'est donc lui qui séduira l'esprit des masses.

Le Congrès de Chemnitz a pataugé tristement dans cette question de l'Impérialisme, et il me semble que la plupart des membres aient été mal préparés à la traiter. Aussi bien cette question dépassera-t-elle la compétence d'un Congrès national. Nous osons appeler sur elle l'attention du Bureau international à Bruxelles, et des prochains Congrès internationaux qu'il doit préparer. Nous voudrions qu'elle fût étudiée méthodiquement par tous les socialistes du monde entier qui se sont fait une spécialité des questions de politique étrangère ou coloniale. Pourquoi Emile Vandervelde, à qui nous devons un des meilleurs livres de politique coloniale qui soient (1), n'élèverait-il pas ici la parole ? Jean Jaurès, par son discours de Limoges en 1905, a balayé un dangereux nationalisme français et par son livre de l'*Armée nouvelle*, contestable certes, mais fort grave, il a ramené la démocratie pensante aux sources où peut s'alimenter une invincible énergie défensive. Il peut même

---

(1) Emile VANDERVELDE, *La Belgique et le Congo*. Paris, Alcan. 1911.

dans les partis adverses compter sur l'attention d'hommes qui font crédit à sa clairvoyance politique. Il nous a rendu le service de dénoncer, jour par jour, le péril d'une politique marocaine, sans doute moins soucieuse de conquête que préoccupée d'empêcher, sur le flanc de l'Algérie, le débarquement d'une puissance étrangère rivale. Il avait su et répété combien l'Allemagne, dans toutes les couches de sa population, était, de longue date, méfiante devant nos allures indécises, qui avaient l'air tortueuses. Il avait su élaborer un programme d'indépendance marocaine, qui aurait pu nous conserver le Congo et protéger nos possessions algériennes avec moins de sang de versé et de dépense.

Le présent problème est pour le tenter; son intelligence est meublée d'une science solide et toujours rajeunie. Sa marche est sinueuse, difficile à suivre, mais toujours ascensionnelle sur la pente qu'il gravit. On le voit parfois se perdre et s'effacer dans les massifs, mais c'est pour reparaître l'instant d'après sur quelque cime plus haute, d'où il découvre des horizons plus étendus et des possibilités d'action plus nettes. Pourquoi ne ferait-il pas, dans quelques-uns de ces articles quotidiens, qui ont été souvent un objet de méditation pour les hommes politiques dirigeants, une étude concrète de ce que pourrait être, devant la réalité de demain, la politique étrangère et coloniale des classes ouvrières européennes (1) ?

---

(1) Ces pages étaient écrites pour l'*Action Nationale* avant la bataille de Kir-Kilissé. Elles ne me paraissent rien avoir perdu de leur actualité et avoir reçu plusieurs confirmations par les faits. Karl Leuthner, qui en sa qualité d'Israélite ne s'est jamais senti à l'aise dans la capitale de l'aristocratisme catholique, à Vienne, a été soulevé de révolte par la brutalité du *bluff* autrichien contre la Serbie. Il préconisait pour l'Allemagne une politique adossée à l'Autriche. A présent (dans les *Sozialistische Monatshefte*. fasc. 23, 1912), il est d'avis que l'Allemagne rompe son alliance autrichienne, militairement médiocre, et qu'elle cherche le contact avec les puissances slaves. Il va sans dire qu'il ne compte pas consolider ainsi l'alliance franco-russe. L'Internationale ouvrière, sur ces entrefaites, s'est émue. Elle a organisé un échange d'orateurs entre les principales capitales européennes. Vandervelde et Scheidemann à Paris, Jean Jaurès à Berlin et à Bâle ont dit des choses excellentes, mais peu étudiées. Au dire de M. Albert Thomas « l'Internationale a été unanime ». Nous n'avons jamais contesté qu'il fût possible d'envoyer à Bâle 500 délégués socialistes pacifistes, choisis dans tous les pays. Mais l'épuration du socialisme allemand n'est pas faite et la critique scientifique de ses nouvelles méthodes de politique étrangère et coloniale n'est

même pas commencée. Nous n'avons pas douté non plus que la campagne actuelle de meetings eût un succès notable, surtout en Allemagne. La politique allemande, comme au temps de Bismarck, « ne connerait pas les os d'un grenadier poméranien », pour une affaire serbo-bulgare. Le socialisme est aisément victorieux, quand il a pour lui les gouvernements et la bourgeoisie. Dans le cas contraire, on ne permet plus à Jaurès de prendre la parole à Berlin, et le tour est joué. Il sera toujours facile de faire accourir à Bâle 50.000 Suisses et Alsaciens, heureux d'entendre Jaurès. J'accourrais volontiers avec eux. Mais les cloches de Bâle peuvent « appeler les vivants et pleurer les morts », c'est tout ce qu'elles peuvent. (Note de novembre 1912.)

L'OFFENSIVE DE JAURÈS

I. — CITATION FAUSSE (1)

Le Temps, les Débats, tous les journaux réactionnaires effrayés et exaspérés par l'effet profond qu'a produit dans tout le pays le manifeste des socialistes français et allemands, essaient de l'atténuer par un procédé déjà bien vieux de calomnie. Ils disent que ce manifeste a été par nous sollicité comme une grâce. Et par là même, ils en reconnaissent la portée. Mais ils se trompent et ils trompent. Nous publions plus loin la lettre adressée à Dubreuilh et qui démontre que l'initiative des

-----

(1) L'*Humanité* du 4 mars 1913.

Cet article a été écrit par Jaurès à la suite d'une réponse faite de Berlin par le *Parteivorstand*, sur la requête de l'administrateur de l'*Humanité*, le citoyen P. Renaudel. L'attaque fut délibérée ou annoncée un soir, chez L. Lévy-Brühl. Je ne sais rien des conversations échangées. On verra plus loin ce que j'ai à répondre à l'accusation de faux, dont je suis ici l'objet. J'écrivis à Jaurès pour avoir le droit de me disculper dans son journal. Ni Jaurès, ni l'administration ne me firent aucune réponse. (*Note de 1918.*)

socialistes français et l'initiative des socialistes allemands sont allées au-devant l'une de l'autre.

Ils exploitent aussi, abondamment, l'article d'Andler. Le Temps me dit que je n'y ai pas encore directement répondu. C'est vrai : car je voulais, avec un homme comme Andler, ne pas me borner à signaler ses erreurs, erreurs d'interprétation, erreurs de fait, je voulais en donner la raison psychologique, en montrer la cause profonde. Mais puisqu'il est devenu le grand fournisseur de tout le poison qu'on colporte contre nous, puisque ses boutades inexactes, ses paradoxes et ses citations fausses et tronquées, sont devenues la suprême ressource des pires nationalistes, je veux montrer dès ce soir, par un exemple précis, quelle est sa méthode scientifique.

Il a dit de Bebel, dans son article sur « le Socialisme impérialiste », ce qui suit :

« Ce qui est nouveau, c'est qu'il ait dit au Congrès d'Iéna : « La question du désarme-
« ment ne nous séparera plus. Le mot d'ordre
« n'est pas de désarmer, mais d'augmenter
« les armements. »

Voilà la phrase bénie que répètent, colportent, commentent tous les ennemis du socialisme, depuis les journalistes du Temps jusqu'au sévère historien, M. Aulard. C'est sur la foi d'Andler qu'ils opèrent tous. Or, la citation est fausse, elle est doublement fausse. Il y a faux sur le sens. Il y a faux sur le texte. Ainsi isolée, ainsi séparée de toutes les phrases qui la précèdent et de toutes les circonstances historiques qui l'expliquent, elle paraît être une sorte d'acquiescement unanime des socialistes allemands à la folie criminelle des armements. Or, Bebel faisait allusion aux offres de limitation d'armement faites par les libéraux anglais. L'immense majorité des socialistes allemands avait fait grief au Gouvernement impérial de n'avoir pas accueilli ces offres. Quelques-uns seulement s'étaient demandé si elles étaient sérieuses, si en pleine rivalité capitaliste, elles pouvaient être sincères et efficaces. Et Bebel, parlant après le coup allemand d'Agadir, après l'âpre réponse de M. Lloyd George, disait avec une sombre ironie et un dur pessimisme : Nous n'aurons plus à mesurer la valeur des offres de désarmement partiel. Il n'est plus question partout que d'accroître les armements. Or, il n'y a pas un mot dans l'article d'Andler, philologue et philosophe, il n'y a pas un mot dans l'article de M. Aulard, historien, qui permette de saisir le sens de la phrase. Je ne parle pas du Temps qui n'est ni philosophe ni historien et qui est beaucoup d'autres choses.

Et ce qu'il y a de plus grave, ce qu'il y a d'effrayant, c'est qu'Andler et M. Aulard et le Temps ont supprimé de la phrase de Bebel citée par eux comme textuelle quatre mots qui auraient permis au plus inepte d'en saisir le vrai sens et qui auraient obligé le plus perfide à le reconnaître.

Bebel n'a pas dit : « Le mot d'ordre n'est pas de désarmer ». Il a dit : « Le mot d'ordre, POUR L'EUROPE BOURGEOISE, n'est pas de désarmer » : für das bürgerliche Europa.

J'ai sous les yeux le compte rendu sténographique du Congrès d'Iéna auquel se réfèrent le philosophe Andler, l'historien Aulard et le Temps. La phrase qu'ils ont ainsi amputée et falsifiée est en tête de la page 171. Je tiens ce volume, ce « Protokoll » à leur disposition. Jamais autorités scientifiques n'agirent avec plus de légèreté.

Für das bürgerliche Europe, pour l'Europe bourgeoise. Ces mots qu'Andler et M. Aulard et le Temps et les Débats et toute la suite ont retranchés de la phrase de Bebel, est bien la devise de leur action. Tous ensemble, les uns sans le vouloir, les autres le voulant, ils ont travaillé pour l'Europe bourgeoise et réactionnaire, pour l'Europe militariste et chauvine, pour l'Europe sauvage, imbécile et forcenée. Ils ont épaissi les malentendus qui séparent les peuples. Ils ont essayé de jeter les soupçons entre des fractions du prolétariat qui ne peuvent sauver la civilisation et la paix que par l'action commune.

Ils n'y réussiront point, et contre la vérité historique, les citations tronquées ne prévaudront pas. Le rayonnement du manifeste socialiste franco-allemand n'en sera pas obscurci.

JEAN JAURÈS.

II. — MISE AU POINT (1)

Andler écrit qu'il ne veut pas en ce moment prolonger la controverse, parce qu'il ne veut

---

(1) *L'Humanité* du 31 mars 1913.

Quelques socialistes et syndicalistes, que ce débat passionnait, s'étonnaient que je n'eusse pas fait de réponse

pas contribuer à exciter la fureur des armements. Et c'est porter un jugement assez sévère sur sa première publication. Mais dans la lettre même qu'il adresse à James Guillaume pour dire qu'il ne parlera pas, — et que celui-ci publie, — Andler dit des choses inexactes. Il prétend que l'Humanité n'accueillerait pas sa réponse. C'est une erreur absolue.

à l'accusation de faux produite par Jaurès. Je les surpris en leur faisant savoir que Jaurès avait tenu pour non avenue ma demande de me disculper sur tout le reste du débat. J'aurais gardé volontiers le silence, jusqu'à une enquête élargie que je me proposais de demander plus tard et jusqu'à une vérification que j'attendais des faits par exemple, de l'accueil que réserverait le parti socialiste allemand (ou son aile droite) aux négociations coloniales engagées alors entre le prince Lichnowsky et le ministère Asquith au sujet des possessions portugaises et belges en Afrique.

Il n'y avait dans cette procédure que je comptais suivre aucun « trouble » de ma conscience ; et les manifestations tardives du *Parteivorstand* sur le coup d'Agadir en 1911, ne prouvaient pas la non-existence d'une « aile droite », colonialiste de la social-démocratie. La « vérité entière » que Jaurès voulait m'obliger à dire, était une glorification du *Parteivorstand*. Je n'avais pas mis en cause le Parteivorstand. Et comme je m'étais tu cinq mois, avec l'intention de me taire encore, je ne vois pas en quoi Jaurès pouvait se plaindre d'une « polémique aigre et frelatée ». Il entend par là dire son impatience d'avoir vu James Guillaume, dans la *Vie Ouvrière*, demander que l'*Humanité* donnât le droit de réponse à un socialiste qualifié par elle de faussaire ; et, en attendant, Jaurès réitérait l'accusation. Je ne puis pas plus l'admettre que le premier jour. Mais la vérité est que les arguments ici produits ne sont pas de Jaurès. Ils lui étaient préparés par un socialiste allemand connu. (*Note* de 1918.)

Quand il a fait paraître l'étude si tendancieuse, si partiale, parfois si brutalement
inexacte, dont le Temps, l'Eclair et tous les
journaux de réaction ont usé et abusé contre
le socialisme et contre la paix, il a éprouvé
quelque trouble. Il m'a demandé, par l'inter-
médiaire d'Albert Thomas, s'il ne conviendrait
pas qu'il répondît dans l'Humanité. J'ai déclaré
qu'à mon sens Andler devait d'abord adresser
sa protestation au Temps et à l'Eclair. C'est
par ces journaux qu'avaient été propagés contre le socialisme, contre la paix, contre l'accord de la démocratie française et de la
démocratie allemande, ses paradoxes violents,
ses boutades injustes, ses citations fausses.
C'est par ces journaux d'abord, et en exigeant
l'insertion de sa réponse, qu'il devait ou rétablir sa pensée si elle avait été déformée, ou la
préciser si elle avait été mal comprise. Par là
seulement il pourrait réparer une partie du
mal qu'il avait fait. Naturellement, l'Humanité
aurait reproduit sa réponse. Andler n'a pas cru
utile de procéder ainsi. Il a permis pendant des
semaines, sans intervenir, que la presse la
plus bassement chauvine utilisât contre nous
ses propos les plus étourdis et les plus dange-

reux. Il est au moins étrange qu'il accuse l'Humanité d'intolérance.

Plus tard, quand j'eus le loisir de vérifier un peu les textes produits par lui et quand je constatai avec une légitime colère la dénaturation qu'il avait fait subir et à la parole et à la pensée de Bebel, il m'écrivit que s'il s'était trompé en ce point il le reconnaîtrait, qu'au demeurant il ne me répondrait que quand j'aurais achevé l'étude annoncée par moi sur les causes profondes de son erreur.

Hélas ! les jours ont passé, pris par l'absorbante lutte qu'il faut mener sans trêve contre l'aberration de la loi de trois ans, contre la folie aiguë des armements, contre tout le flot violent et trouble dont Andler a contribué à grossir la force mauvaise. Il n'a marqué aucune impatience de s'expliquer sur l'énorme altération de texte et d'idée que j'avais signalée d'abord. Il a depuis des semaines laissé circuler, sous sa garantie, le mot de Bebel dont il a fait plus que tronquer le texte, dont il a, par toutes les circonstances de son article, effroyablement faussé le sens.

C'est seulement dans la Vie ouvrière d'avant-hier, par une lettre de lui insérée dans une étude de James Guillaume, qu'il esquisse une explication. Elle ne vaut pas. Il dit qu'il a cité la phrase de Bebel d'après des notes prises sur le compte rendu du Vorwærts au moment du Congrès d'Iéna et qu'il a été confirmé dans ses souvenirs par une allusion plus récente de la Gazette de Leipzig. Mais quoi ! le procès-verbal officiel du Congrès d'Iéna avait paru au moment où Andler écrivait son article. Et Andler, philologue et philosophe, savant et critique, au moment de mettre en circulation une phrase de Bebel qui, ainsi isolée dans des notes de lecture, pouvait recevoir l'interprétation la plus monstrueuse, la plus révoltante, Andler n'a pas éprouvé le besoin de se reporter au texte authentique et intégral ! Il n'a pas songé qu'il devait vérifier non seulement le texte, mais le contexte ! Quelle âpre impatience éprouvait-il donc de calomnier le socialisme ?

Ce qu'il y a de plus grave dans sa façon de citer, ce n'est pas qu'il ait ainsi supprimé les mots si caractéristiques : pour l'Europe bourgeoise, c'est qu'il ait présenté la phrase de Bebel de telle sorte que tous les lecteurs devaient comprendre, nécessairement, que Bebel et les socialistes d'Allemagne se ralliaient à la politique des armements. Pour les Allemands, qui connaissaient en quelles circonstances Bebel avait prononcé ces mots, et à quelles controverses du Parti il faisait allusion, la formule résumée restait claire. Mais quand Andler proposait aux Français, comme étant l'expression de la pensée de Bebel, une formule séparée du contexte qui lui donnait son sens et privée des mots qui auraient averti les plus ignorants, il créait nécessairement une erreur funeste. Je constate que, dans sa lettre même à James Guillaume, il hésite à le reconnaître nettement.

Il laisse échapper cependant l'aveu de l'étrange état d'esprit où il était quand il écrivait son travail. Tandis qu'il cherchait l'expression de la pensée socialiste allemande dans le livre d'Hildebrand presque unanimement exclu et dans les articles fantaisistes d'un Viennois, il négligeait ou il oubliait la protestation solennelle formulée, le 11 août 1911, par le Parteivorstand, par la représentation autorisée du Parti, contre le coup d'Agadir. C'était en pleine crise marocaine, en pleine effervesecnce chauvine. Le Vorwaerts a publié cette protestation. L'Humanité l'a reproduite. Andler est évidemment un peu troublé, aujourd'hui, de n'y avoir pas pris garde et de ne pas l'avoir mentionnée dans son article. S'il l'avait fait, il aurait du moins obligé le *Temps* et l'*Eclair* à omettre une de ses phrases. Mais il leur a donné une joie sans mélange. Se demandera-t-il enfin par quelle préoccupation singulière il n'aperçoit pas les choses essentielles ?

C'est là, si j'en avais eu le temps, que j'aurais voulu m'expliquer à fond avec lui. Il dit que moi aussi je me rends compte de bien des tendances inquiétantes du socialisme allemand ; mais que je ne veux pas les reconnaître parce que, selon moi, « toute vérité n'est pas bonne à dire ». Il se trompe absolument. Je crois que toujours toute vérité est bonne à dire, à condition qu'on dise toute la vérité. Il a faussé dans tous les sens la pensée allemande, celle des revisionnistes comme celle des radicaux. L'idée que se fait Bernstein de l'action positive du socialisme dans les questions coloniales est à l'opposé de l'impérialisme, du colonialisme conquérant et agressif qu'Andler dénonça dans la tendance revisionniste. Et les marxistes les plus intransigeants, ceux qui poussent le plus loin l'idée d'un développement inflexible du capitalisme ; ceux qui, comme Hilferding, estiment que l'expansion coloniale violente est la loi d'airain du régime capitaliste ; ceux qui croient, comme Rosa Luxembourg, allant bien au delà de la pensée de Marx, que l'exploitation brutale des marchés primitifs est la condition absolue du fonctionnement du capitalisme et de la réalisation de la plus-value, ceux-là sont parmi les plus passionnés à combattre le militarisme et le colonialisme. Qu'Andler, qui fait allusion dans son funeste article au livre d'Hilferding, se reporte notamment à la page 471, s'il n'a pas perdu toute habitude de vérifier les textes. Qu'il lise aussi ou qu'il relise la dernière partie de l'œuvre récente de Rosa Luxembourg, l'Accumulation du Capital.

Il a accumulé les erreurs, erreurs de citation, erreurs d'interprétation. Et le mal qu'il a fait eût été irréparable, si l'action commune, tous les jours plus vigoureuse du socialisme français et du socialisme allemand, n'avait emporté dans son large flot toutes les misères d'une polémique aigre et frelatée.

Jean JAURÈS.

31 mars 1913.

III. — MA RÉPONSE PROVISOIRE A JAURÈS (1)

Mon cher Jaurès,

Je viens de lire votre impétueux article de ce matin. Laissez-moi vous dire qu'il n'est digne ni de vous, ni de la cause, ni de votre contradicteur. Vous avez déclaré, dites-vous, que je devais d'abord adresser ma protestation au *Temps* et à l'*Eclair*. A qui avez-vous fait cette déclaration ? Ce n'est pas à moi. Que celui-là se nomme à qui vous l'auriez faite et qui ne me l'a pas transmise. Qui sait si je n'aurais pas obéi, très simplement, à votre suggestion ?

---

(1) C'est ici une simple lettre personnelle, où je demande le droit de me disculper de l'accusation de faux, lancée de façon réitérée par l'*Humanité*. Cette lettre fut, toutefois, insérée, par le journal, le jour même où Jaurès publia sa troisième attaque sous le titre : *Expliquons-nous donc !* J'ai su seulement par ce troisième article, que Jaurès trouvait nécessaire que je fisse une protestation auprès du *Temps* et de l'*Eclair* contre l'abus que ces journaux faisaient, au sens de Jaurès, de mes études, en pleine campagne, sur la loi militaire de trois ans. On verra par l'article suivant, envoyé par moi à l'*Eclair*, comment j'ai essayé de déférer au vœu de Jaurès, sans y réussir. Il va de soi que l'*Eclair* et le *Temps* usaient de tels arguments qui leur convenaient, pour soutenir leur politique. Je n'avais aucun moyen de les en empêcher. Je ne lisais d'ailleurs pas ces journaux et Jaurès lui-même n'avait pas du tout coutume de répondre à tous les articles qui déformaient sa pensée. (*Note de 1918.*)

Vous dites que je n'ai « marqué aucune impatience sur l'énorme altération de texte et d'idée que vous avez signalée ». Et vous savez, au contraire, que je vous ai écrit, le jour même de votre furieuse philippique du 4 mars, pour vous demander le droit de me défendre. A cette lettre, j'attends encore que vous répondiez. J'ai attendu « avec impatience », avec une peine dont témoigneront nos amis Lucien Herr et Dispan de Floran, et bien d'autres. Je n'ai pas coutume d'envoyer du papier timbré à mes amis.

Mais vous ne me ferez pas croire que vous ne dussiez pas m'ouvrir vos colonnes après une double requête amicale de ma part ; après que vous m'aviez fait traiter de « calomniateur » dans des entrefilets fielleux et anonymes, après que vous m'aviez traité vous-même de faussaire par deux fois, auxquelles vous venez d'en ajouter une troisième. Je devais avoir ce droit de réponse dans l'*Humanité*, même sans prendre le chemin détourné de l'*Eclair* et du *Temps*. Vous ne persuaderez personne si vous insinuez que je suis responsable de l'usage que font de mes dires MM. Ernest Judet et André Tardieu. Vous ne persuaderez personne, si vous soutenez que mes articles d'octobre et de novembre derniers ne travaillent pas pour la paix, si vous soutenez que je pousse à la « folie aiguë des armements », alors que les journaux de droite me « clouent au pilori » pour avoir signé la protestation des universitaires.

C'est donc l'*Humanité* qui a marqué peu d'empressement à me donner la parole. J'attends encore qu'elle me la donne par vous ou par un mandataire de vous. Ma défense sera aussi calme que la vôtre a été passionnée. Si vous préférez insérer l'exposé que je ferai devant la réunion plénière des groupes aux socialistes de la circonscription de Sceaux, je saurai contenir mon impatience. Je crois que le temps — et ce n'est pas le journal que je veux dire — travaille pour moi, et qu'il finira par dissiper le désaccord qui nous sépare. Je vous serai seulement obligé de faire connaître à vos lecteurs ma présente réponse provisoire.

Vous savez mon attachement à la pensée, à la cause et au Parti socialistes, et toute ma vieille affection pour votre personne.

Charles ANDLER.

Sceaux, 17, rue des Imbergères.

Dernière attaque de Jaurès

IV. — EXPLIQUONS-NOUS DONC (1)

Puisque Andler annonce qu'il s'expliquera sur le fond des choses, puisque nous sommes condamnés par ses paradoxes, ses outrances et ses inexactitudes à soutenir contre lui une controverse à l'heure même où la lutte contre l'ennemi réclame tout notre effort, le mieux est qu'il s'explique en effet sans délai : les colonnes de l'Humanité lui sont ouvertes.

Sur les détails de procédure qu'il accumule aujourd'hui, je n'ai qu'un mot à dire. Comme toujours, il oublie l'essentiel. Ce n'est pas l'Humanité qui l'avait mis en cause (2). L'Eclair et le Temps donnaient à ses affirmations tendancieuses ou grossièrement inexactes une formidable publicité. Je m'étonnais, je l'avoue douloureusement, qu'il laissât couler ce flot et qu'il n'obligeât pas le Temps et l'Eclair, s'ils avaient mal compris ou mal reproduit sa pensée, à faire parvenir à leurs lecteurs sa rectification. Il savait bien qu'ils ne reproduiraient

(1) L'*Humanité* du 3 avril 1913.
(2) Affirmation audacieuse. (*Note de* 1918.)

pas un article de l'Humanité. Plusieurs jours s'étaient écoulés déjà depuis que M. Judet et M. Tardieu avaient utilisé à grand fracas l'article d'Andler, quand Thomas me dit : « Andler me paraît troublé par l'effet qu'il a produit. Il se demande s'il ne conviendrait pas qu'il réponde dans l'Humanité. » J'ai dit alors à Thomas, avec une colère que je ne désavoue point : « L'Humanité n'a pas dit un mot de lui ou contre lui. Qu'il réponde d'abord au Temps et à l'Eclair qui se sont emparés de lui. » Et, en vérité, Andler avait-il besoin d'une suggestion de moi pour remplir envers son Parti un devoir aussi élémentaire et aussi évident ?

Plus tard, quand l'Eclair et le Temps redoublèrent et quand je fis, en réponse, mon article sur la fausse citation de Bebel, Andler m'écrivit qu'il me répondrait quand j'aurais terminé l'étude annoncée par moi. Je l'ai dit dans ma note d'avant-hier et j'ai expliqué le retard de l'étude annoncée. Andler dit qu'il est meurtri, mais comment ne le serions-nous pas nous-mêmes ? Puisqu'il parle de nos amis communs, il en est auxquels j'ai dit (ce n'est point à un de ceux qu'il nomme) à quel degré je ressentais, pour notre Parti et pour nous-mêmes, la façon gouailleuse et amoindrissante dont il a parlé de ce Congrès de Bâle où tous les militants du socialisme international, sous la sombre nuée qui nous menaçait de l'orage, avaient le sentiment poignant et tragique des responsabilités et des épreuves qui, sans doute, les attendaient. Qu'il relise les lignes qu'il a écrites là-dessus et qu'il se demande ce qui devait se passer en nous quand nous les lisions.

Et comment, enfin, peut-il imaginer qu'il servait la cause de la paix en fournissant aux chauvins, aux furieux apôtres de défiance et d'armement, des prétextes pour dire que tous les Allemands, et même les socialistes, étaient animés d'un esprit de brutalité conquérante et d'impérialisme agressif ? S'il avait, comme nous, subi dans les couloirs de la Chambre, la joie insolente des réacteurs nationalistes, armés de ses propos à l'apparence si faussement scientifique, s'il avait été témoin de l'inquiétude et du doute qu'ils propageaient chez des démocrates de bonne volonté et de médiocre information, il ne serait pas ainsi rassuré sur son œuvre.

Mais, encore une fois, c'est le fond des choses qui importe. Andler a la parole, dès qu'il *lui plaira. Et j'essaierai de lui répondre sans interrompre la campagne contre la loi de trois ans, que je m'excuse d'avoir suspendue aujourd'hui.*

Jean JAURES.

V. — MA LETTRE A L'«ÉCLAIR» (1)

Monsieur le Directeur de l'*Eclair*,

Monsieur,

Mon camarade et ami Jean Jaurès croit qu'il était de mon « devoir élémentaire », depuis des semaines, de vous adresser une protestation destinée à « rétablir ma pensée, si elle avait été déformée par vous ou à la préciser si elle avait été mal comprise ». Il faut que ma conscience soit très oblitérée, mais cette idée ne m'était pas venue, même à l'époque où, après la furieuse philippique de Jaurès contre moi (le 4 mars), vous me faisiez offrir courtoisement une « tribune libre » à l'*Eclair*. Je vous objectais que je ne croyais pas trouver à l'*Eclair* le public auprès duquel j'ai un peu de crédit. Je vous demande de me laisser revenir

____

(1) *L'Eclair*, 6 avril 1913.

aujourd'hui sur ma détermination d'alors, pour une explication un peu détaillée. Si toute vérité est bonne à dire toujours, et s'il faut la dire aussi *entière* qu'on l'aperçoit, il doit être possible aussi de la dire *partout*. Autrement, le socialisme ne serait plus qu'un pur opportunisme.

Il me faut reconnaître, en conscience, que vous ne vous êtes nullement trompé sur le sens général de mes articles du 10 octobre et du 10 novembre 1912. Différent en cela du *Temps*, beaucoup plus obscur, et des journaux socialistes, unanimes dans une erreur totale, vous avez discerné nettement que je ne visais pas la « socialdémocratie » allemande traditionnelle, connue et qui a toutes mes sympathies. Sans admettre toutes les formules qu'elle puise dans de vieux livres, je demeure attaché, par des fibres profondes, au sentiment qu'elle a d'une vie et d'une civilisation socialistes. Vous avez discerné et vous avez répété dix fois (le 29 et le 30 janvier et le 29 mars), que le socialisme d'affaires, colonialiste, militariste, décrit par moi, était un « socialisme nouveau », « un socialisme transformé », une « doctrine nouvelle », admise d'une « fraction importante du

socialisme allemand » ; que je dénonçais « de
jeunes chefs socialistes » ; et « la transformation d'une élite tenant la tête ». Je me suis
servi moi-même, une centaine de fois, des mêmes termes : ils ne laissaient place à aucune
équivoque. James Guillaume a fait cette démonstration lumineusement dans la *Vie Ouvrière* du 20 mars 1913.

Toutefois, je dois avouer que j'ai employé
trois fois (p. 27, 30, 31 de ma brochure) une
autre expression, abrégée à tort, éclairée sans
doute par le contexte, mais obscure quand on
la détache de son entourage. J'ai parlé des
« socialistes » et du « socialisme d'aujour-
d'hui » pour désigner cette même aile droite
nouvelle, si inventive théoriquement et dont
l'avancée sur le champ de bataille des idées et
des faits politiques me paraît se poursuivre
d'une façon si méthodique et si dangereuse. Je
regrette, en me relisant aujourd'hui, ce triple
lapsus et cette impropriété de langage qui a
pu produire dans quelques esprits une confusion sincère. M. Albert Milhaud veut bien dire,
dans le *Rappel,* que « mon excuse ne s'imposait pas » ; qu'elle est naïve, que, pour tout le
monde, le titre de mon étude était explicite et

mon objet précis : décrire une déviation imprévue du socialisme. Un travailleur se doit à lui-même d'empêcher sur sa pensée toutes les méprises, fût-ce par l'aveu candide de ses fautes d'expression. Mais de toutes les déformations de ma pensée la plus tendancieuse et la plus énorme est assurément celle que s'est permise Jaurès lui-même, et qu'il est seul à faire. Si pour lui mes articles signifient que « *tous les Allemands, et même les socialistes, sont animés d'un esprit de brutalité conquérante et d'impérialisme agressif* », j'ose affirmer que pas un mot de ma brochure n'autorise une pareille interprétation.

Je n'ai pas pu vous donner de démenti au sujet d'une citation de Bebel que Jaurès me reproche d'avoir « dénaturée dans son texte et dans son sens ». Il me faut donc revenir sur cette querelle pédantesque. Je n'ai pas prêté à Bebel, cela va de soi, la fantaisie saugrenue de donner lui-même à la socialdémocratie allemande le signal des armements nouveaux. Mais je n'ai pas pu lui faire dire non plus que ce mot d'ordre, pour lui attristant et général, était celui de « l'Europe *bourgeoise* ». Car ces paroles, il ne les a pas prononcées à Iéna en

1911. Il les a ajoutées depuis. Tout le monde en conviendra qui, ayant eu sous les yeux, comme moi, l'édition *princeps* et la sténographie officielle que donnait le *Vorwaerts* du discours de Bebel, veut bien se rendre compte de la retouche que nous apporte le *Protokoll* imprimé, et qui atteste chez Bebel un repentir de pensée ou d'expression. Personne ne me réputera faussaire, malgré les grands mots de Jaurès, parce que j'ai eu dans la mémoire cette édition *princeps*.

Je ne crois pas que ce litige scolaire, démesurément grossi par des colères factices, ait pu jamais recéler les conséquences d'épouvante dont on nous a menacés. Mais j'ai beau relire l'*Eclair* du 29 janvier, je ne trouve pas qu'il ait commis, à ma suite, un contresens, que ma prose ne pouvait pas aisément l'induire à commettre.

Si pourtant je dois revenir sur le fond, je dirai que Bebel en effet, au Congrès d'Iéna (1911), me paraît avoir commis une faute grave. Non pas dans cette brève allocution inaugurale, où j'avais pris sa phrase sur le désarmement impossible, mais dans le rapport sur la question marocaine où est expliqué son sentiment. Jamais on ne trouvera ministre plus pacifique que M. Lloyd George. Jamais on n'en trouvera de plus disposé à faire peser sur les classes riches le fardeau des impôts en général et celui des armements en particulier. Si un tel homme a pu tenir, en une heure de crise, le discours que l'on sait, il faut que l"attitude de la diplomatie allemande ait été bien plastronnante à Londres ; et aussi bien l'a-t-on su depuis.

Lloyd George avait dit, le 21 juillet 1911 :

« Tout ce que je peux dire de l'Angleterre, c'est qu'il n'y a pas de pays au monde qui ait autant d'intérêt que nous à la prospérité des autres pays. Nous sommes les banquiers du monde ; nous sommes les trafiquants qui opérons l'échange des produits du monde. Nous sommes la Société d'assurances du monde. La paix est la première condition de la durée de cette prospérité. Mais si on nous imposait une situation où la paix ne pourrait être maintenue que par le sacrifice de la grande et bienfaisante situation que l'Angleterre, en des siècles d'héroïsme et de succès, s'est acquise, si la Grande-Bretagne, en des questions qui touchent à ses intérêts vitaux, était traitée comme si elle ne comptait plus dans le Conseil des nations, alors — et j'y insiste — la paix à tout prix serait une humiliation qu'un pays comme le nôtre ne pourrait pas supporter. »

Ce pouvait être le rôle de Macdonald, député socialiste anglais, de critiquer ce sage discours. Le rôle des partis socialistes de toute nationalité est de critiquer les gouvernants de leur pays. Bebel, en s'emparant de cette critique, a pris le parti, qu'il l'ait voulu ou non, des hobereaux germaniques brutaux, du comte Wolff-Metternich et de M. de Kiderlen-Waechter, qui ont inventé le « coup d'Agadir ».

Il me reste à vous dire où je me sépare de vous. Je regrette profondément que vous ayez porté sur mon dissentiment avec Jaurès une appréciation morale qui oppose ma « droiture » à ses « sophismes ». Je le sais probe jusque dans ses injustices les plus énormes envers moi. Je suis cause, selon lui, que vous ayez répandu mes boutades et mes paradoxes. Mais comment vous en aurais-je empêché ? Et encore faut-il prouver que des formes littéraires, qui répugnent à son goût, enveloppent nécessairement des erreurs. C'est trop généraliser que de dire, comme vous faites, que « le prolétaire allemand » adhère loyalement à l'autorité monarchique (l'*Eclair* du 30 janvier) et obéit passivement aux indications de l'état-major allemand. Je n'irai même pas jusqu'à reprocher au socialiste Noske d'avoir un jour, par un discours patriotique au Reichstag, mérité, en avril 1907, le *satisfecit* du Ministre de la Guerre prussien. Le général von Einem put dire alors : « J'accepte l'assurance donnée par l'orateur précédent et par laquelle il affirme que le parti socialdémocrate, dans le cas d'une guerre d'agression contre l'Empire allemand, le défendrait avec la même fidélité et le même dévouement que les autres partis. » Ce patriotisme défensif est le devoir strict des socialistes ; et Bebel a eu raison d'en louer Noske. Que si Noske, dans la forme parfois, a trop insisté sur la solidarité nationale des Allemands et trop peu sur la solidarité internationale des prolétaires, il en a eu assez de regrets depuis, et le Congrès d'Essen lui a su faire des reproches qui suffisent.

Mais mon étonnement éternel sera toujours d'avoir appris qu'il pouvait y avoir un lien entre ma courte étude sur l'histoire de quelques doctrines allemandes et le projet de loi qui veut introduire chez nous le service militaire de trois ans. J'ai beau me relire, je n'arrive pas à comprendre comment les adversaires de ma pensée peuvent croire que ma brochure milite pour ou contre tel ou tel projet de refonte de nos lois militaires organiques. La défense du territoire français avait-elle escompté dans son plan de mobilisation les sympathies des socialistes allemands ? A qui fera-t-on croire que la situation nouvelle créée dans les Balkans ait quoi que ce soit de commun avec ma brochure, antérieure à Kir-Kilissé ?

Ce que j'ai dit et ce que je réitère, c'est que le socialisme international ne dispose pas encore de moyens d'imposer la paix. Était-ce une si grande nouveauté ? Je sais aussi que le vieux socialisme, trop faible encore, a pourtant témoigné (en Allemagne comme en France), par tous ses Congrès qu'il était une force pacifique. Je ne l'ai pas méconnu, et, si je ne l'ai pas dit, c'est que je croyais cette vérité trop évidente. Il y a eu, dans la politique étrangère du parti socialiste allemand, des gaucheries, des inexpériences, des fautes lourdes. Mais il n'a rien été commis d'irréparable. Je suis prêt même à rendre justice à ces socialistes impérialistes nouveaux, dont est Quessel, s'ils peuvent démontrer, comme ils l'essaient à présent, que leur méthode d'action peut s'imprégner de pacifisme.

En tout cas, j'admire sans réserve l'effort immense, et concerté dans le plus sincère enthousiasme, par lequel des couches profondes du prolétariat allemand se défendent contre les armements nouveaux. Les événements ont secoué le prolétariat, et le désarroi de 1911 a mûri sa réflexion. Sans doute, dans la présente occurrence encore, plus d'une de mes prédictions tristes se vérifie. Les députés d'Alsace-Lorraine me paraissent plus courageux et logiques dans leur résistance outrancière à tous les crédits militaires que ne sont les députés socialistes du Reichstag. Le socialisme allemand est trop impuissant encore pour nous donner tout ce qu'exigerait sa mission dans le monde. Mais ce qu'il peut donner, Eugène Fournière l'a dit, il le donne de tout cœur. Et sa clameur pacifique, exhalée par des millions de voix d'hommes et de femmes en ce moment, entraînera, par sa persistance et sa force, des hésitants par centaines de mille dans la masse flottante qui serait plus ouverte, sans le socialisme organisé, à des suggestions dangereuses.

Je vous serais obligé, Monsieur, si, dans l'intérêt de la vérité, vous pouviez accorder à ces pages l'hospitalité courtoise de vos colonnes, et vous prie de croire à ma haute considération.

Charles ANDLER (1).

____

(1) On a vu par l'article précédent de Jaurès que l'*Humanité* s'était engagée à publier ma réponse à l'*Eclair* et au *Temps*. Cet engagement, Jaurès l'avait pris sans conditions. Comme ma réponse à l'*Eclair* ne plut pas sans doute, il se considéra immédiatement comme délié de sa promesse. Ces mœurs étaient courantes, en 1913, dans le Journal officiel du parti socialiste.

On a pu voir par cet article combien j'étais encore disposé à faire crédit au *Parteivorstand* allemand et à la masse de la social-démocratie allemande. Sur ces entrefaites, je fus appelé en chapelle d'excommunication, à la réunion plénière des groupes socialistes de la 4e circonscription de Sceaux. (*Note de 1918.*)

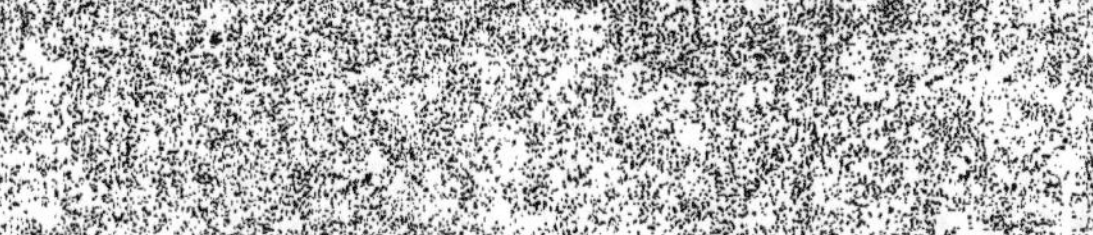

MON PLAIDOYER DEVANT LE PARTI SOCIALISTE UNIFIÉ

VI. — Ce qu'il y a d' « impérialisme » dans le socialisme allemand d'aujourd'hui (1)

J'ai publié, en novembre 1912, dans un périodique d'extrême-gauche, l'*Action nationale*, un article dont la fortune est pour moi le sujet d'une surprise qui n'a pas cessé. L'article était tombé dans l'oubli, ce qui est le destin de tous les articles. Brusquement, trois mois après, il a connu la notoriété des couloirs de la Chambre et celle, plus redoutable, des colonnes du

---

(1) Cette conférence a été faite devant la réunion plénière des groupes socialistes de la 4ᵉ circonscription électorale de l'arrondissement de Sceaux, convoquée à Montrouge (Seine), le dimanche 13 avril 1913. Elle est le plaidoyer, après lequel les groupes ont été invités à décider s'ils m'excluaient du Parti socialiste unifié. Cette décision ne s'est pas produite. Le plaidoyer a été publié dans la *Revue Socialiste* du 15 mai 1913.

Le lecteur se souviendra que l'*Humanité* avait commencé ses attaques le 4 mars. Après plus de cinq semaines, elle n'avait, en dépit de ses promesses, pas encore accordé la parole à l'homme qu'elle avait pris à partie violemment. Des rédacteurs subalternes ne cessaient pas de le harceler. Avec une belle confiance, j'osai porter à l'*Humanité* tout mon plaidoyer de Mont-

Temps et de l'*Eclair*. Les événements balkaniques et la loi de trois ans m'ont valu cette gloire, incomprise encore aujourd'hui de moi. Je suis sur le point de croire que Jaurès a raison quand il dit que je ne comprends plus rien à rien. Je me croyais spécialiste de l'histoire des doctrines sociales. J'avais décrit, dans plusieurs livres et dans de nombreux articles, et j'avais cru interpréter fidèlement des formes variées de socialisme d'Etat, de socialisme féodal ou royaliste ou religieux, des formes lassalliennes, marxistes ou antimarxistes de socialisme démocratique. J'avais rencontré sur mon chemin en dernier lieu quelques variantes importantes de socialisme révisionniste. Je les

------

rouge, qui devait décider si je serais exclu du parti. Ce plaidoyer ne fut pas inséré. Il aurait pris six colonnes, à vrai dire, qu'on pouvait répartir sur six journées. C'était peu pour un journal à six pages, et moins qu'il n'y avait eu de colonnes d'invectives. Il ne faut pas trop demander. Après de nouvelles insistances, l'*Humanité* publia toutefois, le vendredi 18 février 1913, le passage du chapitre IV, sur les paroles de Bebel à Iéna. Je ne pouvais pas moins exiger, puisqu'elles avaient été le point de départ de toute la manœuvre. On aurait pu croire que ce fût la fin, puisqu'il est d'usage, dans les partis qui ont le sens de l'honneur, de clore une discussion, quand elle a passé par toutes les instances de la juridiction régulière du parti. Le 25 février 1913, l'*Humanité* reprit la discussion par une nouvelle bordée d'injures. J'ai vainement sollicité le droit de réponse, que la loi m'eût conféré. (*Note de* 1918.)

qualifiais « impérialistes », d'un nom anglais que je crois le moins impropre de tous. Et voilà la guerre allumée. J'apprends avec stupeur que mon article, où les assurances pacifistes abondent, milite pour l'accroissement des armements. Quand même ce serait vrai, je ne vois pas en quoi il serait propre à faire adopter la loi de trois ans. Combien de fois ne nous avait-on pas dit que les quarante milliards dépensés par la France pour des armements nous avaient fait une frontière invulnérable ? Le colonel Arthur Boucher, en 1911, nous promettait la victoire. Les comptes rendus des manœuvres d'automne, en 1912 étaient lyriques. Nous avions une cavalerie qui, malgré ses deux ans de service, était capable de *raids* foudroyants : elle faisait prisonniers, sur leurs propres positions, les généraux en chef des armées ennemies. Je n'avais vu figurer nulle part sur les cartes d'opération, même à l'état fictif, des corps d'armée de socialistes allemands sympathiques à la France, et dont la défection favoriserait la défense française. Je ne crois pas non plus que notre plan de concentration fasse état, pour le cas de guerre, de cette sympathie des socialistes allemands. Quand elle nous manquerait, cela ne change rien aux éventualités qu'il faut prévoir. De leur côté, les socialistes français, par leur système des milices, ne croient pas affaiblir, mais fortifier la défense nationale. Ils ne font pas non plus figurer dans leur projet la gallophilie exubérante des camarades allemands. Je considère comme admis et évident que la défense du territoire français doit être toujours portée au point de perfection *maxima*. Faut-il trois ans de service pour l'assurer, ou suffit-il de deux années (comme je le crois) ? C'est une question technique où l'attitude du socialisme allemand n'a rien à voir. Je ne comprendrai jamais, je refuse de comprendre la confusion de ces deux questions. Je proteste de toute la force de ma protestation intérieure contre les politiciens de couloir qui ont, les premiers, établi cette confusion, et contre les journaux conservateurs qui l'ont propagée ; mais je me plains aussi des députés et des journaux socialistes qui, au lieu de dissiper l'équivoque, se la sont laissé imposer, et qui, par leur inadvertance, par leur colère étourdie, ont répandu à leur tour dans le pays une inquiétude dont ils m'ont ensuite rendu responsable.

Si je ne suis pas à l'abri de sophismes pareils, si l'on refuse de séparer les faits les plus évidemment distincts, et de penser clairement des idées que j'ai étudiées dans un moment de paix, avant Kir-Kilissé, et publiées en un temps où le socialisme français ne connaissait aucune crise, il est inutile que je reprenne ici ma démonstration. Elle ne serait propre à amener aucune détente. Je la reprends, avec calme, pour ceux qui veulent se renseigner, et non pour fournir des armes à qui que ce soit, ni des prétextes d'indignation à personne. Car cette indignation, si elle n'est pas simulée, serait sans cause. J'éviterai les paradoxes et les boutades, si je puis. J'ai enfoui mon Fontenelle, mon Paul-Louis Courier et jusqu'à mon exemplaire du *Vieux Cordelier*. Il est entendu que la République sociale n'a pas le sourire. Je ne dirai plus, à l'éloge de Rosa Luxembourg, qu'elle fait quelquefois les gros yeux à Karl Kautsky et le menace du doigt quand il verse trop dans le « révisionnisme ». Je me réserve pour la bonne bouche le livre de cette citoyenne ; j'en remets l'étude à un temps où l'on pourra discuter la formule $W\text{-}G\text{-}W$, ou $G\text{-}W\text{-}G$, sans mettre le feu à toutes les vieilles poudres de fausse science que nous emmagasinons encore dans nos soutes. Pour l'instant, ce qui m'occupe, c'est tout autre chose que le marxisme classique et que ses rejetons actuels. C'est un socialisme que j'ai appelé cent fois dans ma brochure un socialisme « néo-lassallien », un « révisionnisme nouveau » (car il y en a un ancien) fondé par des « socialistes nouveau style », par un groupe de « nouveaux théoriciens », auquel beaucoup de « réformistes », et, sur de certains points, « tous les révisionnistes font *chorus* ».

I

Supposons, pour un instant, inexistante la social-démocratie allemande. Faisons cette invraisemblable hypothèse pour arriver à une clarté digne de Condillac. En faisant cette abstraction, on peut trouver néanmoins en Allemagne une curieuse floraison de doctrines socialistes. J'ai fait la rencontre ainsi de Gerhard Hildebrand. C'est un penseur profond et un économiste très renseigné. Ses livres sont presque illustres. Ils montrent la limite nécessaire où se heurte l'industrialisme moderne joint à l'énorme accroissement de la population dans le monde. J'ai exposé son système difficile et plein de prédictions sinistres pour la classe ouvrière. Ce qui va nous manquer, concluait Hildebrand, c'est la surface arable pour nourrir nos bestiaux, pour produire nos denrées coloniales et notre blé ; il engage surtout les peuples prolifiques, dont est l'Allemagne, à surveiller sévèrement le partage des territoires neufs qui restent dans le monde, ce que je ne lui aurais pas reproché. Il veut remanier la carte politique du globe pour une « répartition socialiste » du domaine colonial déjà approprié. Il veut dépouiller le Portugal au profit de l'Allemagne et de l'Angleterre, la Turquie au profit de l'Autriche, la France au profit de l'Italie. Il veut sans doute que ces cessions de territoires aient lieu par entente pacifique. Mais l'Allemagne est « jugulée », si cette entente n'aboutit pas ; et, plutôt que d'accepter cette jugulation lente, Hildebrand préconise la guerre avec l'appui « unanimement consenti » de la classe ouvrière. Je ne peux dénier à ce système le nom de socialiste à cause de son souci des destinées ouvrières. Mais, lui cherchant un nom, je n'en ai pas trouvé de meilleur que celui de « socialisme impérialiste ».

Continuant mon enquête, j'ai trouvé d'autres systèmes analogues. En remontant à *Atlanticus* et à son livre déjà ancien, on trouve déjà un projet de stations d'agriculture de grand style, installées par l'État allemand au cœur des pays tropicaux, fût-ce par dépouillement brutal, en organisant « le travail forcé » des indigènes. *Atlanticus* voit déjà en pensée 200.000 nègres cultivant le café pour l'Allemagne sur 300.000 hectares. Il évalue à 150 millions de marks le salaire en victuailles et en vêtements qu'on assurerait à ces nègres, et à 450 millions de kilos le café qu'on tirerait de leur travail. C'est une évaluation basse que d'estimer la valeur de ce café à 900 millions de marks. C'est 750 millions de plus-value qu'*Atlanticus* veut tirer des nègres d'Afrique. Les ouvriers allemands paieront le café moins cher, et ce système est donc socialiste. Mais je suis choqué de l'abandon peu scrupuleux qu'on fait ici de la doctrine ancienne qui interdit « l'exploitation de l'homme par l'homme » ; et c'est du nom d'impérialiste que je qualifie ce socialisme.

J'ai rencontré chez Max Schippel toute une philosophie de l'histoire coloniale au bout de laquelle il aperçoit, pour l'Allemagne, des colonies de peuplement à civilisation intensive, qui feront appel aux ressources commerciales de la métropole, et il a escompté durant des années qu'une portion du Maroc serait parmi ces colonies de peuplement.

J'ai rencontré chez Ludwig Quessel une philosophie différente, mais qui aboutit à des conclusions pareilles. Ce n'est pas le Maroc qu'il réclame ; mais le plan fameux, en vue duquel a été conçu le chemin de fer de Bagdad, la colonisation par des Allemands de la Babylonie et de la Mésopotamie, il le fait sien. Il réclame l'aide de l'État allemand et du capital allemand pour restaurer par de savants travaux d'irrigation, au profit de l'Allemagne, l'*Eden* antique dans toute sa fertilité. Il espère l'assentiment pacifique de la Turquie. Mais dans les pays neufs aura-t-on toujours l'adhésion des indigènes(1) ? Quessel est ici plus réaliste que

____

(1) On m'a reproché probablement comme une « citation fausse », d'avoir impliqué dans cette affaire de Mésopotamie la *Leipziger Volkszeitung*. Qu'on lise cependant ce que je trouvais dans les *Sozialistische Monatshefte*, 1912, (p. 1126), cités par moi à cette occa-

la plupart. Il ne croit pas, comme quelques-uns, qu'il soit possible d'initier fraternellement les indigènes à nos méthodes ; ni qu'ils céderont bénévolement, même contre argent comptant, des parcelles de leur territoire. Il sait que toute colonisation européenne se fait par des modes d'exploitation primitifs et rapaces. Or, il nous faut des colonies, impérieusement, malgré ces abus et ces violences. Ce théoricien, par conséquent, absout ces violences dolosives et ces procédés de rapine. A lui se joint Südekum, qui, pour de telles besognes, même dans les colonies appartenant

-----

sion : « D'ailleurs, l'organe qui sert de garde du corps au camarade K. Kautsky, la *Leipziger Volkszeitung*, s'est chargé lui-même de réduire à l'absurde l'opinion de ce théoricien qui veut qu'il n'y ait presque plus de territoires qui se prêtent à des colonies de travail. Dans les milieux coloniaux allemands, on a vivement exprimé le désir, comme on sait, que la Babylonie et la Mésopotamie antiques fussent rouvertes à la civilisation à l'aide de grandioses travaux d'irrigation, et fussent colonisées par des émigrants allemands... Au sujet de ce territoire politiquement et historiquement intéressant, la *Leipziger Volkszeitung* s'exprimait, le 15 juin de cette année comme suit :

« Notoirement, le projet du Bagdad est étroitement solidaire du plan grandiose de réveiller à une vie nouvelle une très vieille terre civilisée, déchue sous la domination des Turcs. » (Suit un éloge développé de la fertilité de ce pays, la Babylonie et la Mésopotamie, et l'esquisse d'un plan de repeuplement.)

Que ferions-nous, reprend Quessel, si l'Allemagne obtenait le droit d'irriguer le *Jardin d'Eden* et de le colo-

à d'autres Etats, demande que tous ces pionniers émigrés, ouvriers, commerçants ou ingénieurs, jouissent de l'immunité diplomatique.

Il va sans dire qu'une telle politique coloniale suppose une politique étrangère pour la soutenir. Je trouve ici encore Max Schippel. Il expose toute une dialectique savante pour nous montrer comment l'Allemagne, d'abord favorisée, puis contrecarrée dans ses projets d'expansion coloniale par l'Angleterre, a dû nécessairement se dédommager sur la France ; il se met franchement du côté de M. de Kiderlen-Waechter. Mais la théorie achevée de cette politique a été faite par Karl Leuthner. Ce qui préoccupe le théoricien autrichien dans l'effort allemand d'expansion au dehors, c'est de ne pas affaiblir la situation continentale de l'Al-

---

niser avec des agriculteurs allemands, avec « du travail allemand, de l'intelligence allemande et du capital allemand ? ... » Quessel conclut que la social-démocratie ne pourrait opposer son *veto*. Mais on voit aussi que son intention est d'entraîner dans son sillage la *Leipziger Volkszeitung*. N'a-t-il emprunté à ce journal qu'un document, ou reproduit-il les propres opinions de ce journal ? Y a-t-il là une manœuvre ironique de Quessel ? Je n'en sais rien. Par scrupule d'équité, je devais nommer le journal marxiste, auquel Quessel emprunte son projet colonial, pour le discuter et l'adopter. Comment ne voit-on pas que, pour m'incriminer, il faut incriminer en même temps Quessel, député socialiste au Reichstag ?

lemagne. Pour cela, il faut recommencer à l'égard de la France la politique bismarckienne des douches froides ; pousser à bout les armements ; ne plus harceler, comme faisaient les socialistes d'autrefois, la diplomatie militante, qui travaille à consolider l'Empire et à l'étendre. La classe ouvrière est solidaire de l'État où elle vit et du régime qui le gouverne. Elle a plus à craindre d'une défaite de cet État et de ce régime que le monarque lui-même. Elle ne souhaitera donc pas cette défaite. J'ai beau chercher un nom pour ces doctrines encore, je ne trouve que celui d'impérialisme.

Voilà le noyau de mon exposé de novembre. Je crois cet exposé inattaquable. Je le sais appuyé sur des documents sûrs et de première main. « Je tiens pour incontestables, m'écrit Victor Basch, les velléités de politique coloniale et impérialiste que vous dénoncez. Vous vous appuyez sur des textes nombreux et probants. Oui, Hildebrand et Schippel, et Leuthner, et Südekum, et d'autres sont à mille lieues de ce qui nous apparaît comme la seule politique étrangère conforme à l'idéal socialiste. » Comment ai-je pu froisser les socialistes, s'ils sont encore les gardiens de leur idéal ? Ici, nous devons faire reparaître la social-démocratie allemande et autrichienne.

II

Tous ces hommes, si éloignés de l'idéal socialiste, sont en effet des social-démocrates inscrits aux partis organisés. Leuthner est député socialiste aux Délégations autrichiennes. Quessel et Südekum sont députés socialistes au Reichstag, et Schippel siégeait près d'eux il y a peu d'années. *Atlanticus* se fait préfacer par Kautsky, pour garantir son orthodoxie. Gerhard Hildebrand seul a été exclu du parti, et je l'avais dit, depuis le Congrès de Chemnitz (1912). Mais il me faut tout de suite ajouter que des socialistes éminents, tels que Bernstein, ont regretté cette exclusion, ont tâché de l'empêcher, et qu'un effort occulte et public se poursuit pour faire réintégrer Hildebrand. Ce sont là des faits qui peuvent causer des malaises. S'il y a déviation doctrinale, elle va donc jusqu'aux doctrinaires réputés d'une pureté immarcessible, jusqu'à Kautsky et jusqu'au groupe socialiste du Reichstag.

On peut essayer d'affaiblir la portée de ces faits. On peut dire que les *Cahiers mensuels socialistes*, où ont écrit les socialistes que j'ai cités, n'appartiennent pas au parti ; et alors on ergote sur les mots. Car les *Cahiers*, sans être un organe officiel, sont la plus vivante et la plus savante revue socialiste qu'il y ait au monde. Tous les socialistes de marque du monde entier y ont écrit, à la réserve des rédacteurs de la *Neue Zeit*, sa concurrente, hélas ! bien déshéritée d'aspect, mais officielle. Jaurès lui-même y a collaboré et son portrait y figure... On peut alléguer que Leuthner est un Autrichien, et l'on n'oublie pas seulement alors qu'il est le pangermaniste militant, dont la situation littéraire est toute allemande, comme sa préoccupation est uniquement de consolider l'Allemagne impériale. On oublie surtout que nous sommes un parti internationaliste. Ma pensée a touché en passant le démocrate autrichien Rudolf Springer, le socialiste Hilferding, pour s'arrêter à Leuthner. Tout ce qui se passe dans l'une des sections de l'Internationale, nous regarde. S'il n'en était pas ainsi, ma modeste étude n'aurait pas soulevé des tempêtes. On a pu dire enfin que Leuthner, Hildebrand, etc., sont réputés « hétérodoxes », et ce vocable me plaît, parce que, s'il n'est pas tout un poème, il est du moins tout un catéchisme. Mais l'excommunication même d'Hildebrand prouve que je n'ai pas créé la question : je l'ai seulement signalée. Les socialistes allemands ont eu conscience du danger que je décris, et l'action d'Hildebrand n'a pas cessé par le seul fait qu'il cesse d'être membre du parti. Ces raisons non plus ne m'expliquent pas pourquoi mon blâme adressé à Hildebrand, alors que ce blâme s'accorde avec le verdict de la social-démocratie allemande, a pu blesser les socialistes français.

III

Nous cernons cependant ici la blessure vraie que j'ai causée et qu'il m'a fallu causer pour être sincère. J'ai pour le parti socialiste allemand une admiration vieille, que je n'étends pas à tous ses chefs, mais qui n'a pas varié. J'ai connu le parti à l'époque héroïque où il venait de jeter au gouffre le régime bismarckien. De tels souvenirs ne s'oublient pas. On m'a accusé de haïr le marxisme. J'ai donné des preuves publiques du contraire, et j'en donnerai d'autres ces prochains jours. Mais de la social-démocratie je dirai, comme je l'écrivais à l'*Eclair*, que « sans admettre toutes les formules qu'elle puise dans de vieux livres, je demeure attaché, par des fibres profondes, au sentiment qu'elle a d'une vie et d'une civilisation socialistes ». J'ai peut-être encore moins de préjugés à l'endroit du « revisionnisme », qui a tant contribué à élargir les formules trop restrictives du marxisme ancien. Pour moi Edouard Bernstein, que je ne rends pas responsable de tous ses disciples, reste une sorte de Nathan le Sage, infatigablement habile à saisir, à travers les antagonismes apparents ou provisoires des théories partielles, la pensée concrète et durablement conciliante qui les apaise. Une chose serait irrémédiable : c'est que je ne fusse plus en état de comprendre ni le revisionnisme, ni le marxisme. Jaurès lui-même finira par reconnaître que nous n'en sommes pas là.

Je vais dire un peu massivement par quoi j'ai blessé des convictions très solidement établies chez beaucoup : 1° J'ai semblé dire que la social-démocratie elle-même avait parfois subi la contagion de l'impérialisme socialiste nouveau, et j'ai dit explicitement qu'elle a eu des défaillances ; 2° J'ai posé la question de

savoir si l'avenir politique prochain n'apparte-
nait pas au révisionnisme impérialiste. Et mon
inquiétude à ce sujet, que j'ai pu exagérer dans
la forme, est réelle. Il s'agit de savoir si elle
est fondée.

Emile Vandervelde veut bien m'écrire :
« Vous attachez infiniment trop d'importance
aux écrits d'un petit nombre d'*Akademiker* (intellectuels) dont l'influence est très limitée.
Qu'après cela, il y ait dans la classe ouvrière
socialiste, en Allemagne comme ailleurs, du
nationalisme à l'état de survivance, je suis bien
loin de le contester ; mais à l'opposé de ce que
vous dites, je suis convaincu *qu'il y a
progrès*. » Voilà qui s'appelle discuter ; et j'ai
eu du réconfort à recevoir de Vandervelde cette
critique très absolue, mais la première que
j'aie reçue, avec celle de Fournière, où ne se
mêle ni brutalité ni injure.

Commençons donc par les « survivances »
de nationalisme. Il y en a même chez Bebel. Sa
pensée ne peut pas être la nôtre. S'il a dit
aux Français, à Stuttgart (1907), que « la République n'est pas aussi belle que vous la
dépeignez, ni la monarchie aussi mauvaise que
vous la faites », il a peut-être raison. S'il

reprend l'antienne d'Amsterdam pour affirmer que les socialistes allemands « ne se feraient pas casser la tête pour la république bourgeoise », nous ne serons pas de son avis. Le prolétariat français « s'est fait casser la tête » à plusieurs reprises pour fonder la République tout court ; et il la défendrait encore aujourd'hui, comme les ancêtres, d'un effort désespéré, parce qu'il sait que la République sociale ne peut sortir que de cette République provisoirement bourgeoise. L'une des raisons pour lesquelles, malgré l'orgueil que leur donne l'effectif de leurs voix socialistes, les Allemands seront impuissants à réaliser la République sociale, c'est qu'ils tardent à fonder d'abord cette République tout court, à laquelle nous tenons. C'est ainsi que les chefs du parti allemand ont été amenés à imaginer cette participation vague au pouvoir impérial dont parlait Wilhelm Liebknecht, dans un manuscrit posthume que Jaurès connaît bien :

« Liebknecht va jusqu'à désigner, ou à peu près, le ministère qu'il devra occuper, écrivait Jaurès (dans les *Etudes socialistes*, 1901, page 57), et cela ressemble fort au ministère du Travail proposé par le citoyen Vaillant, ou au ministère du Commerce occupé par le citoyen Millerand. »

Un millerandisme allemand sous Guillaume ou sous un de ses successeurs, voilà le rêve jusqu'où se haussaient ces vieux chefs de la vieille Internationale, dans l'attente du cataclysme qui tardait.

« Ils sont prêts, s'écriait lyriquement Jaurès, dans l'intérêt de la nation et dans l'intérêt du prolétariat, à être les ministres du kaiser. » (*Ibid.* p. 59.)

Héroïque abnégation !

Bebel, après Amsterdam, ne risquait plus d'avoir à pousser jusque-là le dévouement ; et il faut dire que son attente de la catastrophe finale est restée vivace. Mais, dans cette attente, sa souplesse d'adaptation est merveilleuse. Cet intérêt de la nation et cet intérêt du prolétariat que son rôle et son droit sont de défendre se confondent plus d'une fois jusqu'à n'être que l'intérêt du prolétariat allemand seul ou l'intérêt de la nation tout pur. Son langage s'est trouvé parfois d'une ambiguïté et d'une impropriété regrettables. Il se gausse, dans un Congrès (Stuttgart, 1907, p. 83), de ceux qui l'appellent et appellent Jaurès des « modèles de patriotisme » ; mais dans un autre (Essen, 1907, p. 230), il dira : « Nous pensons bien évidemment que c'est votre élémentaire et strict devoir de veiller à ce que le peuple allemand ne soit pas écrasé contre la muraille par un autre peuple. » Il n'entend pas par militarisme ce que nous entendons ; et dès lors cette lutte constante contre le militarisme, dont il glorifiait à Stuttgart le parti allemand, ne pouvait pas être ce qu'attendaient les socialistes français.

« Ce que nous combattons dans le militarisme, disait-il à Essen, c'est le dressage inutilement mécanique, les tortures infligées aux soldats, l'esprit de caste où s'enferment les officiers, l'armée considérée comme un moyen de domination pour assurer la prépondérance des classes possédantes sur les non-possédantes. »

Tous ces abus pourraient disparaître et l'institution militaire garder néanmoins toute sa structure essentielle. C'est le « militarisme actuel » (*den bestehenden Militarismus*, Congrès de Stuttgart, p. 83), que combat Bebel, et non tout militarisme. Je n'ai rien à redire au patriotisme défensif de Bebel et à son souci des armements nécessaires. Je dis que ce souci et ce patriotisme n'arrivent pas à se dégager des formules troubles. Certes, Bebel, avec ses camarades du Reichstag, refuse tous les ans le budget militaire. Mais j'attacherais un peu plus de prix à cette manifestation le jour où le vote de ce budget dépendrait vraiment des socialistes. Car ce jour-là, leur manifestation deviendrait un acte. Mais ce que le parti socialiste voterait alors, ce n'est pas une suppression du budget de la guerre, c'est une démocratisation de l'armée, et cela ne laisse pas d'être assez différent.

Les vieux du parti, et j'en suis, se souviennent encore d'une proposition bizarre que Bebel fît au Reichstag, le 25 juin 1890. Il se plaignit des uniformes chamarrés de l'armée allemande, trop voyants et dangereux en temps de guerre ; demanda, à cor et à cri, des uniformes de couleur effacée, ajoutant :

« Je suis tout disposé à *voter un emprunt* pour cette destination, parce que je suis convaincu qu'on ne saurait faire une dépense plus productive. » (Sténogr. du Reichstag, 1890, t. I, 572.)

Je donne l'anecdote pour ce qu'elle vaut. Je

n'en grossis pas l'importance. On en fit des gorges chaudes dans le parti. Plusieurs pensaient qu'il y avait tout de même « des dépenses plus productives ». Mais Bebel lui-même fut sérieux comme un pape. Il croyait sincèrement défendre la vie du prolétaire allemand. Il ne songeait pas que des uniformes gris ou noirs sont aussi utiles à rendre invisible l'offensive que la défensive. Mais pour la même défense, comment ne voterait-il pas aussi bien des emprunts immédiats destinés à l'acquisition de canons assez puissants pour tenir hors de portée utile l'artillerie ennemie ? Kautsky sait et a le courage de dire que l'armée démocratique coûterait encore plus cher et serait plus puissamment outillée que l'armée d'aujourd'hui. Le militarisme est un engrenage. Jusqu'où entraînerait-il Bebel ? En tout cas, Bebel refuse de discuter le désarmement.

IV

Me voilà donc amené à parler de ce qu'on a appelé mon « faux », ma citation « falsifiée », qui m'a valu de la part de Jaurès une si furieuse philippique. Un socialiste éminent m'écrit qu'il en a regretté le ton. Pour ma part, à la distance où je suis de cette attaque trois fois renouvelée, ce n'est pas le ton que j'en ai regretté. Si Jaurès a pu croire que, placé devant le *Protokoll* du Congrès d'Iéna, je fusse capable de tronquer une phrase de Bebel pour en tirer je ne sais quelle équivoque sensationnelle, je lui laisse ce triste courage ; et je ne m'en sens pas diminué. Ce n'est pas de cela que je me plains. Je me plains de ce que des professeurs de philosophie comme Jaurès, des professeurs d'histoire comme Hervé, des juristes comme Longuet méconnaissent à ce point les conditions matérielles d'un faux. On peut « falsifier » un document unique et original comme la pièce : *Ce canaille de D...* du procès Dreyfus, parce que ce document maquillé induit en erreur tous les magistrats et tous les historiens qui le consulteront ; et l'artisan de cette fraude est un « faussaire ». On ne falsifie pas un document répandu à 100.000 exemplaires comme le *Vorwaerts* ou à 50.000 comme le *Protokoll* d'Iéna ; et j'étais évidemment intéressé à le citer exactement, puisqu'il était au pouvoir du premier venu de vérifier le texte sur un exemplaire indemne de mes entreprises. Ceux-là induisent le peuple en erreur sur les garanties que lui donne l'existence même de l'imprimerie, qui persistent à parler ici de « faux » et de « falsification » ! Je ne vois, hélas ! que des journaux et des brochures socialistes qui aient obscurci ainsi à mes dépens les notions du bon sens public.

Devant cette défaillance des intellectuels, c'est aux ouvriers que j'en appelle. Ils savent qu'on peut donner un coup de marteau à côté. On ne cesse pas pour cela d'être un bon ouvrier, si on a fait ses preuves pour tout le reste. Le bon ouvrier jette son déchet et je vais jeter ici le mien. Ce n'est pas une raison pour me dire que j'ignore ou que je sabote mon métier ou que j'accomplis une besogne frauduleuse.

Je n'ai pas eu soin de consulter le *Protokoll d'Iéna* publié en volume, parce que j'avais eu sous les yeux l'édition *princeps* des discours, la sténographie officielle publiée, au jour le jour, par le *Vorwaerts* et que personne n'a su jusqu'à ce jour que les auteurs sont autorisés à remanier leurs dires entre cette sténographie et la publication en volume. Pour la première fois, le présent incident révèle cette coutume. Mon « coup de marteau à côté » a consisté à ne pas comparer les deux variantes. Je n'ai pas prêté à Bebel, cela va sans dire, la fantaisie saugrenue de donner lui-même à la social-démocratie allemande le signal des armements. Je lui ai fait dire : « La question du désarmement ne nous séparera plus à l'avenir. Le mot d'ordre (pour l'Europe) n'est pas de désarmer, mais d'augmenter les armements. » Et citant de mémoire cette phrase souvent citée et passée en adage, j'avais passé les mots « pour l'Europe », comme avait fait le *Vorwaerts* lui-même dès le premier jour, dans le *leader article* du numéro qui apportait ce compte rendu : « *Von Abrüstung ist fürderhin keine Rede mehr ; nur noch von Aufrüsten.* » (Il ne peut plus être question désormais de désarmement, mais seulement d'augmenter les armements.) *Vorwaerts*, n° 213, 12 sept. 1911.) Mais ce que je ne pouvais faire dire à Bebel, c'est que ce mot d'ordre, pour lui attristant et général, d'augmenter les armements, était celui de « l'Europe *bourgeoise* ». Car ces mots : « *für das bürgerliche Europa* », il ne les a pas prononcés à Iéna en 1911 ; personne n'a pu les connaître par la première sténographie. Il les a ajoutés depuis. Si je dois commenter les deux textes, je dirai qu'ils contiennent une erreur tous les deux, mais différentes l'une sur l'*étendue géographique*, l'autre sur les *causes sociales* des armements actuels. Bebel a dit à Iéna que l'*Europe* donne le signal des armements, et il oublie que les armements du Japon ou des États-Unis se répercutent aussi sur notre situation militaire et navale. Puis, se ravisant, il a attribué ces armements à « l'Europe *bourgeoise* », et il oublie qu'au Japon la classe agricole et artisane encadrée de *Samouraï* féodaux a créé un Empire armé jusqu'aux dents, et qu'en Australie ce sont les ouvriers qui demandent la construction de *dreadnoughts*. Instinctivement, j'ai prêté à Bebel une phrase de bon sens : voilà mon crime.

Mais si je dois revenir sur le fond, je dirai qu'à Iéna Bebel a commis une faute grave. Non pas dans cette brève allocution inaugurale, où j'avais pris sa phrase sur le désarmement impossible, mais dans le rapport sur la question marocaine, où est expliqué son sentiment. Il revient sur le discours de Lloyd George, prononcé le 21 juillet 1911. Lloyd George avait dit combien l'Angleterre commerçante, banquière et reliée à toutes les autres nations par un réseau universel d'assurances et de réassurances, était intéressée ainsi à la prospérité de toutes nécessairement. Il faisait remarquer pourtant qu'elle ne se laisserait pas évincer du Conseil des nations, comme l'essaya la diplomatie allemande en prolongeant en tête à tête avec la France une conversation mêlée de plus d'un chantage. Or, on ne trouvera jamais un ministre plus attaché à la paix que Lloyd George ; on n'en trouvera pas de plus disposé à faire peser le fardeau des impôts en général et des armements en particulier sur les classes riches. Pour qu'un tel homme ait prononcé le discours dont je parle, il faut que la diplomatie allemande ait été bien plastronnante à Londres, et aussi bien l'a-t-on su depuis.

Ce pouvait être le rôle de Mac Donald, député socialiste anglais, de critiquer ce sage discours. Il appartient dans chaque pays au parti socialiste de critiquer les gouvernants de ce pays ; mais Bebel en renouvelant et en aggravant cette critique anglaise prenait parti, qu'il l'ait su ou non, pour les hobereaux brutaux, le comte Wolff-Metternich et M. de Kiderlen-

Waechter, qui ont inventé le « coup d'Agadir » (1).

Comment définir cette attitude, si ce n'est en disant qu'il y a parfois chez Bebel des poussées d' « impérialisme » ? Et ce n'est pas la première fois qu'il envenime les relations franco-allemandes. C'est lui qui, le 29 mars 1905, au Reichstag, harcelait le prince de Bülow pour ce dommage que la diplomatie allemande avait laissé causer aux intérêts économiques de l'Allemagne au Maroc. C'est lui qui le sommait de faire appel à l'intervention espagnole, italienne et autrichienne pour soutenir les revendications allemandes. Bülow avait eu beau, dès 1904, déclarer en connaissance de cause que le traité anglo-français n'était pas dirigé contre l'Allemagne ; Bebel, le 7 décembre 1905, revenait à la charge, et, alors que le chancelier affirmait que le maintien de la « porte ouverte » n'avait jamais fait question, que le délai de trente ans qu'il stipulait serait renou-

____

(1) On voit que les lignes qui précèdent reproduisent un passage de ma lettre à l'*Eclair* qu'on a lue plus haut, p. 153-155. C'est qu'elles sont une réponse à l'occusation de faux produite contre moi par Jaurès, qui, malgré sa promesse, n'avait pas consenti à insérer ma réponse à l'*Eclair*. L'*Humanité* a inséré, le 18 avril 1913, ce passage de ma présente conférence de Montrouge.

velé, qu'il en avait l'assurance et que l'Allemagne y tiendrait la main, Bebel réveillait les doutes, aiguisait les soupçons, stimulait l'avidité allemande et poussait aux clauses impossibles de condominium économique. Ainsi, par l'intervention dilettantesque et étourdie de Bebel, l'appétit des classes laborieuses contractait alliance avec la cupidité des prospecteurs tarés et la voracité des Mannesmann. Mais à la colonisation allemande, Bebel ne faisait qu'un reproche ce jour-là : c'est de n'être pas lucrative et d'immobiliser les forces militaires allemandes en cas de conflit avec le dehors (1).

-----

(1) On s'est étonné que j'aie écrit, dans ma brochure (p. 31), que « le groupe socialiste du Reichstag vote avec une régularité croissante les crédits coloniaux ». Je n'ignore pas, et j'ai dit qu'il rejette en bloc le budget colonial, comme le budget militaire, traditionnellement. Mais peu m'importe qu'il le rejette en bloc, s'il accorde en détail ensuite des dépenses extraordinaires. J'ai emprunté à Ledebour, qui en a rendu compte au Congrès de Brême (1904), et à Südekum, qui les a décrits dans les *Cahiers mensuels socialistes* (1912, p. 1131 sq.), une liste de ces votes coloniaux du parti socialiste. Ces députés doivent les connaître, puisqu'ils y ont pris part ; et je ne les en ai même pas blâmés. J'ai constaté que la politique coloniale est une pente glissante, parce que tout n'y est pas projet de rapine. Après avoir refusé l'expédition de Chine, les socialistes ont voté des hôpitaux pour le corps d'occupation. Une autre fois, ils ont voté le renforcement de la garnison de Kiao-Tchéou, et il l'a bien fallu. Après avoir regretté que, dans l'Afrique Occidentale allemande, des

Je tiens ces interventions pour du dilettantisme diplomatique et pour des improvisations propres à aigrir l'opinion publique surexcitée déjà et remplie d'espoirs insensés par les gestes tragiques de l'Empereur. Et ce que je dis d'un chef dont je ne méconnais pas les grands services, je le réitérerais de la presse socialiste. Par un accident déplorable, mais banal, la flotte russe, l'été de 1904, avait endommagé un bateau allemand, le *Sonntag* ; et aussitôt, le *Vorwaerts* de réclamer qu'une flotte allemande mît le blocus devant Cronstadt. L'affaire des pêcheurs de Hull, canonnés par erreur au Dogger Bank, avait été sagement soumise par l'Angleterre à une conférence d'arbitrage. C'est le *Vorwaerts* qui accusa les Anglais de concessions timorées (*klein beige-*

---

colons détrousseurs se fussent établis, il a bien fallu reconnaître qu'il s'y mêlait aussi des femmes, des enfants, des ouvriers ; et, le jour de l'émeute des Herreros, quand la population européenne inoffensive a été menacée en même temps que les déprédateurs, il a fallu au premier abord, « ne pas désapprouver » l'expédition de Trotha, qui a exterminé ensuite 40.000 indigènes. Ainsi, l'impérialisme se mêle d'humanitarisme ; et le parti socialiste ne peut se soustraire à cet impérialisme mitigé. Qu'il y ait là un péril, plus d'un socialiste le reconnaît avec moi. Mais comment ne voit-on pas que, pour incriminer mes citations, il faut incriminer en même temps Ledebour et Südekum, députés socialistes, que j'ai pour garants ?

geben zu haben) et qui, dans un différend qui ne regardait que l'Angleterre, mit « le Gouvernement allemand en demeure de faire une protestation à cheval et « cuirassée » (*geharnischten Protest*) à Saint-Pétersbourg ». Je cite ces faits au hasard de mes souvenirs, et j'en multiplierais aisément le nombre. J'ai le droit de dire que la « diplomatie » socialiste a été oscillante et gauche, amie du grabuge, emportée sottement parfois par son étourderie passionnée, et non toujours aussi pacifique qu'elle se targue de l'être.

V

Ce qui me répugne, ce qui pour moi, accusé de paradoxe, est le paradoxe entre tous insupportable, c'est l'insouciance ou le romantisme sanglant avec lequel des socialistes réputés graves se jouent de l'idée de guerre. Je suis choqué de l'espérance secrète que certains marxistes outranciers mettent dans l'impérialisme poussé à bout, dans le choc fatal qu'il produira et d'où ils attendent la catastrophe génératrice. On me dit que je ne comprends pas. On me cite le marxiste Hilferding et je savais bien qu'il veut, dans cette concurrence fiévreuse des nations armées et bientôt destinées à se broyer dans une formidable mêlée, réserver la protestation pacifique de la classe ouvrière. Pareil à Faust entendant les cloches de Pâques, « j'entends bien le message, hélas ! mais n'y puis croire ». (*Die Botschaft hœrt ich wohl, allein mir fehlt der Glaube.*) De tous les sophismes du marxisme postérieur à Marx, le plus sinistre, parce qu'il exerce je ne sais quelle sadique attirance, est cette théorie de l'impérialisme conduisant à la République sociale par les convulsions de la guerre. Et c'est bien pour cela aussi que je m'étais permis de dire du Congrès de Chemnitz qu'il avait « tristement pataugé » dans cette question de l'impérialisme. Qu'on relise les discours de Lensch ou de Pannekœk. Ils nous disent bien, comme Hilferding, qu'à l'impérialisme le prolétariat opposera le socialisme. Mais comment ? Ce que soutiennent ces socialistes marxistes, c'est qu'il est bon que la concurrence universelle ébranle la prépondérance des vieilles nations industrielles, en particulier celle de l'Angleterre. Et cela, c'est du Frédéric Engels, dernière manière (V. la préface de 1892, à la réédition de la *Situation des classes ouvrières*

en Angleterre). Ce qui avait éteint le socialisme en Grande-Bretagne après 1848, c'était,
selon Engels, que les ouvriers anglais, solidaires de la prospérité capitaliste anglaise, occu-
paient une situation d'élite, où ils se reposaient
satisfaits et repus. La croissance des jeunes
Etats capitalistes nouveaux, en ébranlant ce
monopole industriel de l'Angleterre, jetait au
contraire les ouvriers anglais dans la misère,
et, par là, les ramenait au socialisme. -

Mais ce que Frédéric Engels n'avait pas dit,
et ce qu'affirme la philosophie improvisée de
ses derniers disciples, c'est que la rivalité
actuelle des armements en Europe continue,
par d'autres moyens, la rivalité industrielle.
C'est historiquement faux, et ni l'histoire de la
Prusse ni celle du Japon, nations militaires
armées à outrance bien avant d'être industrielles, ne permettent de telles généralisa-
tions. Or l'on peut prévoir les conséquences
que tirent de leur schéma abstrait et faux les
théoriciens néo-marxistes : l'impérialisme est
inévitable et les armements, renouvelés à
outrance, s'ensuivent, si l'on ne peut déchaîner
les crises les plus graves de chômage et l'arrêt
des affaires. La conflagration générale est au

bout de cette folie qui ne pourrait s'enrayer que par la ruine, et elle est elle-même une ruine plus épouvantable. Le socialisme peut assister avec une joie sardonique à cette évolution fatale et sanglante. L'ouvrier anglais redevient socialiste depuis que l'Allemagne capitaliste a su mettre en ligne une flotte de *dreadnoughts* capable de menacer l'hégémonie maritime anglaise. Admirable dialectique des choses. Avec des armements fous furieux on fait des socialistes ! Quelle autorité veut-on que de pareils théoriciens aient pour combattre les armements et la guerre ? « Nous combattons d'emblée l'évolution impérialiste, disait Lensch à Chemnitz (*Protokoll*, p. 417), en cherchant à la pousser par delà ses propres limites », c'est-à-dire, si je n'ai pas cessé de comprendre, en réalisant à outrance l'impérialisme, et en laissant s'épuiser jusque dans ses dernières convulsions cette épidémie furieuse des armements. Et vienne la guerre, ajoutent unanimement Hilferding et Lensch, et Pannekœk, et avec eux Bebel, l'héritage du régime capitaliste nous échoit, et les ouvriers en seront les bénéficiaires. On oublie que le jour où seront ainsi ouvertes les écluses de sang, c'est le sang

ouvrier qui coulera à torrents, et que de
« l'héritage », il ne retirera que des décombres fumants. J'ai le droit de dire que le socialisme ancien n'a pas résolu cette question de
« l'impérialisme » qui l'attire, mais qui, plus
forte que lui, l'enveloppe des rets de sa dialectique sanglante.

Combien furent plus sages les paroles de
Bernstein, qui ne veut pas qu'on appelle utopique la pensée du désarmement, et qui trouve
affaiblissant pour l'action ce fatalisme aux
yeux duquel l'impérialisme militaire est une
puissance supérieure que rien n'arrête, tandis
qu'il n'est peut-être qu'un fantôme de névrose
qu'une société consciente et saine arriverait
à exorciser, si elle osait lui opposer un peu de
raison idéaliste !

Auprès de ces cauchemars romantiques et
sanglants qui obsèdent les combattants du
vieux marxisme et leurs jeunes recrues du
nouveau, les fantaisies du révisionnisme sont
des rêves plus pâles. Sans doute, je répugne
aux articles que Leuthner intitule : « La guerre
considérée comme institution morale » (*Sozialistische Monatshefte*, 1913, fasc. 1), et ce qui
me répugne davantage, c'est que, demandant

des leçons morales à cette institution de barbarie, il déclare cependant la combattre. Mais on en connaît, après tout, de ces révisionnistes, comme Quessel, qui, entendant l'impérialisme comme un fructueux maquignonnage de terres et comme une façon de *truster*, dans des coalitions armées, le partage des territoires neufs à conquérir, professent qu'entre ces *trusts* rivaux, Triple-Entente et Triple-Alliance, le règlement de compte pourra être pacifique. J'attends qu'ils aient fait leur démonstration, que Quessel annonce. Je les attends surtout à l'épreuve. On peut être assuré que je leur rendrai justice. J'alléguerai timidement toutefois qu'on a vu à l'œuvre, en 1911, deux grands « impérialistes » réputés pacifiques, Lloyd George et Kiderlen-Waechter, et au premier désaccord ils ont échangé des menaces de guerre. Mais ce qu'il y a de déplaisant, c'est l'idée même de ce marchandage et de cette mise en coupe réglée du monde par des syndicats, où désormais prétendent siéger des socialistes.

VI

Jaurès m'écrit : « Si vous viviez davantage dans nos Congrès nationaux et internationaux, de la vie du parti, vous auriez un sens plus exact de la valeur relative de certaines tendances et de certains hommes. » Je n'irai pas dans les Congrès. Je vois que 500 hommes, toujours les mêmes, y mènent une existence factice dans les agapes et les passes d'armes académiques. Il y a déjà dans nos Congrès trop d'agrégés d'histoire, de philosophie et de droit, trop d'ex-diplomates et de docteurs en médecine. Georges Sorel disait avec raison, en un temps où il n'était pas encore un ennemi, qu' « ils représentent un prolétariat de fantaisie ». Je ne méconnais pas les services indispensables que rendent provisoirement ces intellectuels. Mais la substance du parti est dans la masse de ceux qui restent dans leur atelier, penchés sur leur besogne obscure. Je suis de ceux-là.

Je ne crois pas non plus que dans les Congrès, on juge exactement les hommes. Gerhard Hildebrand a un public de lecteurs immense, qu'on n'a pas vu à Chemnitz. Mais, orateur très lourd et malhabile, il ne brille pas dans les Congrès.

Je sais donc très bien ce qu'on peut m'objecter. J'ai énuméré quelques doctrines et quelques doctrinaires. J'en aurais pu doubler et tripler le nombre ; mais qu'est-ce que six ou douze ou vingt doctrinaires sur un parti de quatre millions d'hommes ? Ce que j'en ai dit suffit, non pour établir une démonstration, mais pour motiver une impression inquiétante et pour poser une question. Ç'a été tout mon souci. Mais, puisqu'on a parlé de mes thèses, les voici donc. Elles sont interrogatives.

1° N'y a-t-il pas dès maintenant sur l'échiquier parlementaire allemand une situation qui oblige le socialisme à des coalitions ? (Voir ma brochure, p. 42.) Jusqu'ici, il s'est enfermé dans une bouderie vague, et il a laissé échapper la présidence du Reichstag. « Un jour, il laisserait échapper une part plus décisive du pouvoir. » La tactique gouvernementale, qui a consisté jusqu'ici à diviser le bloc de gauche en proposant des crédits militaires nouveaux, ne sera donc plus toujours efficace. Il y a telle circonstance où le Gouvernement, obligé de donner satisfaction à la démocratie bourgeoise, propose des armements dont la couverture pèsera sur les classes riches. Ce jour-là, les socialistes ne voteront-ils pas les crédits ? Mais c'est précisément là le fait tragique d'au-

jourd'hui. Le bon sens de la démocratie fran-
çaie verra toujours dans ce fait tangible et
massif l'abandon de la vieille formule : « Pas
un homme, et pas un sou. » Et si la guerre
était pour demain, la social-démocratie l'aurait
littéralement stipendiée.

2° Le socialisme allemand, avec son million
d'hommes organisés, est une incomparable
force de paix. Mais peut-on dire, avec Bebel,
que les trois autres millions de vagues mécon-
tents, qui votent avec lui, soient des hommes
d'une « résistance de fer » (*eisenfeste Maenner*)?
C'est l'illusion que je me refuse à partager.
Je veux bien qu'une proportion très importante des deux millions et demi d'ouvriers syn-
diqués se joignent régulièrement aux voix
socialistes ; et je corrige volontiers en ce sens
l'évaluation que j'envoyais un jour à James
Guillaume. Ce que je dis, c'est qu'il reste une
masse flottante, qui compte par millions, et qui
vote avec le parti socialiste, faute d'un autre
emploi de son mécontentement démocratique,
mais qui est accessible à d'autres suggestions
contraires. Il ne suffit pas, pour s'en rendre
compte, d'avoir lu les manifestes du *Vorwaerts*, les *Catéchismes électoraux* du parti,

les journaux du parti ou les décisions des Congrès. Il faut avoir vu de près les élections réelles, dans les sections de vote, et dans les réunions électorales.

3° Dans les positions décisives que les socialistes peuvent atteindre dès maintenant, quelle est la part faite au révisionnisme ? Et parmi les révisionnistes, combien y en a-t-il d' « impérialistes » ? Combien y a-t-il de députés de la fraction au Reichstag qui représentent cette nuance ? Si je compte bien, ils sont une trentaine. Combien ont-ils d'électeurs derrière eux ? Je crois qu'en totalisant les voix, cela ferait plus de 200.000 hommes. Combien représentaient d'électeurs les révisionnistes impérialistes battus aux élections ? Il faut peut-être compter un nombre de voix au moins égal. Dans les secrétariats ouvriers, dans les Conseils municipaux, leur proportion des révisionnistes n'est-elle pas dès maintenant écrasante ? Je ne peux pas faire seul cette dernière enquête, qui porterait sur 20.000 ou 30.000 personnes. Un socialiste suisse, Brupbacher, assurait récemment (*Vie ouvrière* du 5 novembre 1912), qu'une véritable petite bourgeoisie révisionniste s'est installée dans ces postes de

confiance, aussi intolérante, mais plus intéressée que les anciens cadres marxistes. Il
ajoutait que pour l'éliminer des positions con-
fisquées par elle, il faudrait, dans le parti
socialiste, une vraie révolution, plus petite,
mais presque aussi difficile que la Révolution
sociale. Combien, parmi ces révisionnistes de
« réalisation », y en a-t-il qui sont eux-mêmes
« impérialistes » et de quel effectif est leur
clientèle ? Ce sera ma troisième question ; et,
si je dois y répondre, je dirai que cette enquête, le jour où on la fera, me paraît devoir
donner des résultats assez tristes (1).

____

(1) Comme je procède ici par interrogations, je ne
reproduirai donc pas le pronostic qui a tant choqué
(pp. 42-43 de ma brochure). Mais je répéterai que mon
opinion personnelle n'a pas varié. « Le seul socialisme
qui puisse jamais accéder au pouvoir », en Allemagne,
est le socialisme « nouveau », prêt à pactiser en ce qui
concerne les crédits militaires et coloniaux. Comment
puis-je le penser, puisque j'accorde qu'il comprend à
peine un dixième des voix socialistes ? C'est que la
formation d'un bloc de gauche est pour l'Allemagne
une nécessité vitale. Il faut une coalition libérale qui
aille de M. Bassermann, impérialiste teutomane, mais
libéral, aux socialistes, en passant par les progressistes.
Ce bloc se formera, dût-il en coûter des concessions aux
socialistes. L'aile gauche marxiste s'obstine encore et ne
réussit par là qu'à faire durer l'impérialisme absolutiste des hobereaux, du Centre et des grands industriels. Un jour prochain, le socialisme comptera 150 députés au Reichstag, au lieu de 110. Mais cet accroissement sera au profit des « socialistes impérialistes »,
parce que la nation, pour arriver à créer le régime par-

Cette conclusion où j'aboutis me chagrine moi-même. Je souhaiterais ardemment de me tromper et je me réjouirais de me tromper « lourdement ». Pour me démontrer mon erreur, on m'assène des allégations injurieuses. Je ne trouve pas ces arguments convaincants. Mais je ne suis pas même l'adversaire de ceux qui me brutalisent ainsi et multiplient contre moi d'outrageantes insinuations. Seulement, je ne crois pas que la matérialité des faits et la justice des appréciations aient besoin, pour être rendues visibles, d'être appuyées par des injures. La lecture de mes

---

lementaire, imposera l'impérialisme mitigé des groupes démocratiques. Ce n'est là, bien entendu, qu'une conjecture. Je ne vois pas comment on en a pu faire un outrage au parti socialiste actuel.

Albert Thomas m'avait écrit de Bruxelles, en février : « Pour moi, j'ai assez fréquenté le groupe des *Monatshefte* pour *reconnaître ce qu'il y avait de fondé dans votre démonstration*. Mais tout le problème est de savoir la force d'influence de ce groupe... Je ne nie pas que Hildebrand et les siens *ne fassent vibrer une corde sensible dans le cœur de tout Allemand*. Mais certaines autres ne sonnent-elles plus haut ? » Je peux très bien me rallier à cette formule. Je suis plus pessimiste, et Thomas plus optimiste : il vit dans la chaleur communicative des Congrès. Mais on peut discuter. Aussi ai-je été stupéfait d'entendre Thomas déclarer trois jours après, à la Chambre des Députés, que je m'étais « lourdement trompé ». Trompé sur quoi ? Sur le nouveau révisionnisme impérialiste ? sur l'ancien révolutionnisme ? sur la gauche marxiste ? dans mes conjectures au sujet de l'avenir ? Je ne l'ai jamais su : ni

articles donnera à tous ceux qui les liront l'impression qu'ils travaillent pour la paix. Et je sais aussi que le parti socialiste international y travaille. Il ne dispose pas, j'en ai peur, de beaucoup de moyens d'action. Il se contente de menaces et ne peut promettre des actes. Il discourt et fait des processions. C'est tout le sens de ma plaisanterie inoffensive sur le Congrès de Bâle. Je promets d'être plus sage. Le préfet de police socialiste de la « cité des millionnaires » s'est mis lui-même en tête du cor-

-----

la Chambre non plus. Thomas a allégué que Hildebrand et Leuthner sont « hétérodoxes ». C'est donc l' « orthodoxie » qu'il a cru sauver dans ses phrases laconiques et confuses, et telles que je ne les infligerais pas à un étudiant pris en faute. Mais cette orthodoxie marxiste, je ne la décrivais pas. Ce n'était pas mon sujet. N'avais-je pas assez nettement dit, toujours, que Leuthner et Hildebrand représentent « un revisionnisme nouveau » ? Mais j'avais ajouté que ces écrivains et leurs congénères s'autorisent de plus d'une défaillance des chefs marxistes ; et j'en ai énuméré ci-dessus quelques-unes.

L'antidote vrai de mon article est dans un nouvel et vigoureux écrit de Brupbacher (*Vie Ouvrière*, 20 avril 1913). Brupbacher ne conteste pas l'exactitude des faits constatés par moi. Il ne nie pas que la Social-démocratie allemande « devenue plus réformiste dans ces dernières anées », ne soit destinée à devenir plus réformiste encore, et dès lors, selon moi, plus « impérialiste ». Mais en même temps il voit se multiplier les symptômes d'une révolte des masses ouvrières révolutionnaires contre les chefs réformistes. C'est une belle espérance.

tège des socialistes pour le mener à la cathédrale. Je partagerai l'émotion religieuse générale. Nous avons déjà le culte de reliques : On a promené dans les rues, « vénérable et respectée », la bannière de la première Internationale (Brochure du parti : *Guerre à la guerre,* p. 13). Je n'en sourirai plus.

Mais je ne me dédis pas : J'admire sans réserve l'effort unanime et concerté dans le plus sincère enthousiasme, par lequel des couches profondes du prolétariat allemand ont, depuis des semaines, essayé dans cent journaux et des meetings sans nombre de combattre le fléau des armements nouveaux. Et je suis tout prêt à dire avec Victor Hugo :

Ce peuple est grand et fort, un noble instinct le mène. (1).

Je termine. J'étais un petit vapeur qui faisait, en des parages qui m'étaient familiers, une sorte de service d'hydrographie socialiste. Je faisais des sondages. Je traçais le contour d'un rivage que j'avais aimé. Il me paraissait un peu changé. Je remontais du fond des choses suspectes. Toute une alluvion d'impéria-

---

(1) Le Parti unifié ne s'est peut-être pas aperçu que je faisais encore une « citation fausse ». (*Note de 1918.*)

lisme modifiait le dessin de la rive d'autrefois. J'ai fait des signaux. Quel message de panique les sémaphores affolés du nationalisme ont-ils jeté alors dans le pays ? C'est pour moi aujourd'hui encore un mystère. Mais parut la flotte de guerre socialiste, résolue tout de suite à châtier le perturbateur. Il y avait d'informes brûlots, qui me couvrirent d'un feu grégeois malodorant. Il y avait des croiseurs errants à tous les coins de l'horizon. Ils s'appelaient invariablement *Plus d'amitié !* (1) Puis, ce fut le gros de l'escadre : cuirassé-amiral, l'*Inhumanité*. Jaurès, sur la passerelle, criait : « Vérifions un peu ! » et en effet ne vérifiait pas grand'chose. Mais il ouvrait tout de suite le feu de ses pièces de 34. Il fut le Rodjestvensky de cette triste canonnade dans la brume. Ainsi peut-on meurtrir ma personne. Mais on ne change pas mes relevés, et il faudra bien que quelqu'un, un jour, les reprenne.

Je fais abstraction de mon sentiment personnel. Il y a une faute commise plus lourde et qui touche aux intérêts généraux du parti.

---

(1) Pendant la guerre italo-turque, les Turcs disposaient d'un croiseur-corsaire appelé *Hamidieh*. Je demande pardon de l' « à peu près ». (*Note de 1918.*)

Ce que j'ai pu suivre de la presse conservatrice de province le montre bien. Croit-on qu'elle ait fait de bonne foi mon éloge en opposant mon « honnêteté de savant » aux faux-fuyants du politicien Jaurès ? Elle savait que j'aurais tout de même ma part d'injures, mais qu'elle me viendrait des socialistes. Je serais couvert de boue tout autant, mais la division serait dans le parti. Le calcul était facile à faire ; le piège était visible et presque à fleur de terre. Jaurès y est tombé...

Charles ANDLER.

Parmi les socialistes français, un groupe universitaire, pour des raisons que je n'ai pas à dire, m'avait été particulièrement cher depuis toujours. Plus qu'un autre cependant il prit soin dans le présent litige, de m'encercler de silence. Je n'étais pas assez naïf pour en demander la raison. L'un de ces universitaires, M. Félicien Challaye, crut devoir brusquement rompre cette conspiration, quand déjà la chapelle d'excommunication régulière de Montrouge avait prononcé, sans m'exclure. Il le fit dans la *Revue du Mois*, datée du 10 mai, mais publiée bien plus tard. Il est nécessaire de dire que mon plaidoyer de Montrouge, paru le 15 mai, est antérieur à l'article de M. Challaye, et devait être connu de lui. A plus forte raison, mon article de l'*Eclair* du 6 avril. M. Challaye ignore ces deux réponses. Je ne pouvais que lui refuser la qualité essentielle qu'il faut pour discuter, et qui est de prendre connaissance des arguments du partenaire. (*Note de* 1918.)

PASSE D'ARMES
AVEC LE
SOCIALISME UNIVERSITAIRE

VII.—A propos du socialisme impérialiste dans l'Allemagne contemporaine (1)

M. Félicien Challaye, qui, à divers mérites très distingués, joint une compétence récemment acquise en matière d'Allemagne, a cru bon de me prendre à partie dans un article sur « Les rapports franco-allemands », publié dans la *Revue du Mois* du 10 mai dernier. Je lui aurais déjà répondu, s'il avait eu l'élégance, à laquelle je me serais attendu, de me faire connaître l'appréciation qu'il fait d'une étude publiée par moi, en novembre dernier, sur *Le Socialisme impérialiste dans l'Allemagne contemporaine*. M. Challaye prend prétexte du

---

(1) *Revue du Mois*, 10 juillet 1913.

manifeste publié le 1er mars 1913 par les partis socialistes français et allemands, et qui est pour lui « une date dans l'histoire du monde ». Il ajoute : « Ce fait suffirait à montrer à quel point il est injuste d'accuser d'*impérialisme* le parti socialiste allemand, en s'appuyant, comme l'a fait M. Andler en une étude remarquée, sur les déclarations de M. Hildebrand, chassé du parti au Congrès de Chemnitz de septembre 1912, précisément à cause de ses idées nationalistes, et sur quelques phrases de *leaders* connus, mais détachées de leur contexte et mal interprétées. » (*Revue du Mois*, p. 636.)

Je ne sais si je pourrai ramener M. Challaye du contre-sens total qu'il commet sur la signification générale de mon article. J'avais publié, dans l'*Eclair* du 6 avril, et j'avais produit, à la conférence des groupes de Sceaux-Montrouge, le 13 avril, des rectifications abondantes, complétées dans la *Revue socialiste* du 15 mai, qui, malgré les dates, a paru une dizaine de jours avant l'article de M. Challaye. J'aurais espéré que M. Challaye tiendrait compte de l'une ou l'autre de ces rectifications.

Mais je dirai, ici, pour les lecteurs de la

Revue du Mois, que je ne me suis pas appuyé sur de simples « déclarations » de Gerhard Hildebrand. J'ai analysé et critiqué *la doctrine* entière de ce théoricien, d'après toutes ses publications. Je ne me suis pas appuyé sur « quelques phrases de *leaders* connus ». J'ai analysé, d'une façon cohérente, la doctrine de quelques autres théoriciens coloniaux, impérialistes et, au demeurant, socialistes, qui sont Atlanticus, Max Schippel, Ludwig Quessel, Südekum et Karl Leuthner. Ces analyses, je les maintiens intégralement. Je mets au défi courtoisement M. Challaye de me démontrer que j'aie commis une erreur, une seule, d'interprétation, ou même que j'aie fait une « citation fausse ». Je m'autorise de la phrase judicieuse prononcée par un écrivain des plus cultivés, Pierre Ramus, dans *Der freie Arbeiter*, de Berlin, du 24 mai 1913 : « Il faut fixer comme un clou ce fait-ci : c'est qu'on ne peut pas même tenter de prouver qu'il y ait eu chez Andler une seule citation fausse. Et les citations d'Andler sont incontestables dans leur teneur » ; et le même auteur, dans le journal berlinois *Der Pionier* du 28 mai, trouvait tout à fait vaine « la résistance des chefs marxistes devant les exposés inexorablement logiques d'Andler ». Ces journaux, dont l'un est libertaire et l'autre socialiste révolutionnaire, n'ont pas sans doute été cités dans la presse socialiste française. Mais on ne fera croire à personne qu'ils ne soient pas, eux aussi, des journaux prolétariens allemands.

Ce qui toutefois m'étonne le plus de la part de M. Challaye, c'est le reproche qu'il m'adresse d'avoir détaché « des phrases de leur contexte ». Car, en vérité, c'est là ce qu'on appelle « citer » ; et M. Challaye lui-même qui, à vrai dire, est mieux à son aise (car son article cite vraiment peu de documents), n'a-t-il pas détaché lui-même de leur contexte, pour les citer, les titres de revues ou de pièces de théâtre, dont il fait état ? Mais je crois avoir rarement écrit aucune étude où les citations soient plus naturellement sorties de l'exposé que mon travail sur le *Socialisme impérialiste*.

Le titre de ce travail suffit à dire, en bon français, qu'il ne se propose pas d'étudier le socialisme allemand dans son entier. J'ai répété cent fois dans mon article que je traitais d'un « socialisme nouveau style », d'un « révisionnisme nouveau », « néo-lassallien »,

et qui constitue désormais l'aile droite du parti
ancien. J'ai dit que ces théoriciens de la doctrine nouvelle s'abritent derrière diverses
déclarations du socialisme classique depuis
Lassalle et Marx (qui ont toujours été belli-
queux), sans oublier, en matière coloniale
notamment et en matière de politique étrangère, diverses défaillances de Bebel en personne. Il est difficile de ne pas trouver que
Bebel a été plus « Marocain » que M. de Bülow
au Reichstag, le 29 mars et le 7 décembre
1905. J'ai énuméré quelques-unes de ces défaillances; je me charge, si l'on me pousse un peu,
d'en grossir notablement le nombre. Jaurès
louait lyriquement autrefois Wilhelm Liebknecht de l'héroïque abnégation manifestée par
le vieux chef dans un célèbre manuscrit posthume, et qui allait jusqu'à accepter d'être ministre du Kaiser. (Jaurès, *Etudes socialistes*,
1901, p. 57 et 59.) Je doute fort que cette en-
trée au pouvoir fût concevable sans une participation à toute la politique coloniale et militaire de l'Empire.

Je me suis demandé d'où venait l'incom-
préhension obstinée et accompagnée d'outrages qu'a opposée le parti socialiste français à

mon très simple et candide exposé de faits. J'en suis venu à penser que le malentendu, probablement très sincère, venait de l'indifférence que ce parti professe pour l'histoire des doctrines ; et c'est avec des habitudes d'historien des doctrines que j'avais abordé mon enquête. J'avais pesé mes théoriciens et non dénombré leurs adhérents. Les idées nouvelles sont toujours en petit nombre dans le monde. Si l'on voulait exposer l'orthodoxie socialiste ancienne, elle tiendrait toute dans Marx et Engels, qui ne sont que deux. Le marxisme nouveau, celui de Hilferding et de Rosa Luxemburg, tiendrait de même en quelques volumes. J'avais pris à tâche d'exposer un « révisionnisme nouveau », issu de Lassalle et de Frédéric List. Il tient en peu de noms, dont j'ai encore restreint le nombre, pour aller à l'essentiel. On peut dire, je crois, sans épigramme, du parti socialiste français qu'il est pauvre en têtes inventives ; composé de praticiens, de tacticiens, qui ont souci de discipliner et de dénombrer des masses et qui sont conduits par un prodigieux orateur. Mais ils sont déshabitués du travail doctrinal, et tout à fait vassaux, en cette matière, du parti allemand. Et le parti allemand a coutume de pousser des cris avant même de savoir si on l'attaque .Mon exposé a paru une recherche inutilement inquiétante sur des points secondaires, quand il décrivait des idées devenues très courantes et connues de tout le monde en Allemagne.

Je n'ai pas accusé d'*impérialisme* le parti socialiste allemand dans son ensemble. Je lui reproche, à ce parti, par son opposition monotone et souvent dénuée de discernement, d'avoir trop contribué à l'immobilisme présent et, par conséquent, au maintien de l'impérialisme absolutiste et conservateur qui est au pouvoir. Je lui reproche des coalitions trop fréquemment réitérées avec le centre catholique, parce que ces coalitions, immorales en elles-mêmes, sont aisément disjointes par des manœuvres gouvernementales faciles à définir. Mais, sur l'aile droite du parti, il s'est formé un socialisme pour lequel je ne peux pas trouver d'autre nom que celui d' « impérialiste ». Posant alors, subsidiairement, la question des chances dont dispose pour la lutte cette aile droite nouvelle, j'ai dit qu'elle me paraissait appelée à une grande fortune. Ai-je tort ou raison dans ce pronostic ? L'avenir seul peut le dire. Cette aile droite a des théoriciens d'un immense talent ; et j'évalue à 400.000 au moins le nombre de ses électeurs. Ce nombre grossira. Les intérêts vitaux de l'Allemagne l'exigent. La nation, pour mettre en échec l'impérialisme conservateur d'aujourd'hui, exigera la coalition des groupes libéraux et démocratiques. Elle imposera une concentration des nationaux-libéraux les plus attachés encore à l'idée libérale ; des groupes progressistes et des groupes socialistes. Cette union est nécessaire ; donc, elle se fera. Mais elle ne se fera pas sans concessions réciproques. Le socialisme stimulera la politique intérieure de ce nouveau régime en voie de naître. Mais les libéraux de la nuance Bassermann, impérialistes et teutomanes, seront les chefs désignés de cette coalition et ils exigeront des concessions en matière coloniale et militaire. C'est donc l'aile droite du parti socialiste actuel qui grossira, parce que seule elle est prête doctrinalement à adopter cette politique nouvelle. Que le parti marxiste ancien rejette de son sein, comme il l'a fait pour Hildebrand, ces doctrinaires nouveaux, ou qu'il les garde, comme il fait pour une trentaine de députés socialistes du Reichstag imbus d'idées toutes voisines, cela n'importe guère. Une situation parlementaire impérieuse commandera. Des votes, que j'ai énumérés, dans l'ordre colonial, montrent que cette situation est comprise par le groupe socialiste du Reichstag dès maintenant et qu'il en tient compte. Je ne vois pas qu'on ait rien opposé jusqu'ici à ces faits et à la conjecture que j'en tire sur le prochain avenir.

Charles ANDLER.

VIII. — LA REPONSE DE M. F. CHALLAYE

A propos du socialisme impérialiste en Allemagne (1)

Mon cher Directeur,

Permettez-moi de répondre aux trois pages et demie que M. Charles Andler vous a adressées, à l'occasion des six lignes consacrées par moi dans la *Revue* du 10 mai 1913 à son article de l'*Action nationale* sur le « socialisme impérialiste dans l'Allemagne contemporaine ». Je m'engage, en ce qui me concerne, à ne pas

____

(1) *Revue du Mois*, 10 août 1913.

poursuivre cette polémique au delà des expli-
cations suivantes qui me paraissent indispensables.

Un mot, pour n'y plus revenir, sur les critiques que M. Andler m'adresse à moi person-
nellement. Il parle de ma « compétence récemment acquise en matière d'Allemagne » ; je
m'occupe de l'Allemagne depuis quinze ans,
depuis que, passant une année à Berlin (1898-
1899), j'y ai étudié, sur place, la vie politique
et spécialement l'activité du parti socialiste. —
M. Andler me reproche de n'avoir pas eu
« l'élégance » de lui faire connaître mon appréciation sur son étude. J'aurais cru manquer
d'élégance en exagérant l'importance de ces
six lignes au point de l'en informer. Je n'aurais
jamais espéré qu'il m'aurait fait l'honneur
d'une si longue réponse : je ne me rappelle
avoir lu aucune rectification adressée par lui
au journal le *Temps*, coupable (je le montrerai
plus loin) du même « contresens total » qu'il
me reproche. — Je ne pouvais tenir compte des
« rectifications » faites par M. Andler à une
date postérieure au moment où mon article a
été composé à l'imprimerie. Au reste les « rectifications » de M. Andler ne changent rien au

jugement que j'ai cru devoir porter sur son étude, et que je me sens obligé de maintenir dans son intégralité. — Enfin M. Andler constate que mon article cite peu de documents. J'aurais pu aisément en citer un grand nombre, et remplir vingt ou cinquante pages sur une question telle que celle des rapports franco-allemands depuis 1870 à nos jours ; j'ai visé à la brièveté comme à la clarté ; et je n'ai même pas réussi à ne .pas dépasser, en ma petite étude, les limites ordinairement fixées à la chronique *La Vie internationale*.

En ce qui concerne son article (*Action nationale*, novembre et décembre 1912), M. Andler déclare qu'il ne s'est pas proposé « d'étudier le socialisme allemand dans son entier » ; qu'il n'a « pas accusé d'impérialisme le parti socialiste allemand dans son ensemble » ; que j'ai commis « un contresens total sur la signification générale de son article ». En tout cas, je ne serais pas le seul à l'avoir commis. Le journal le *Temps*, qui n'a publié aucune rectification de M. Andler, résumait sa thèse en disant « que toutes les idées de M. Andler sur *le socialisme allemand* sont renversées par les faits qu'il a vus et par les textes qu'il a lus ;

que *le socialisme allemand* est de moins en moins international et de plus en plus national » (20 février 1913). Le même journal écrivait le 8 avril 1913 : « *La Sozial-Demokratie* sait fort bien, que la loi militaire sera votée, et votée sans modification. Elle le sait, et au fond s'en félicite. Car elle est de plus en plus imprégnée des théories impérialistes et nationalistes dont M. Andler a si fortement caractérisé les progrès. »

Du « contresens total » commis par le *Temps* et par moi, M. Andler n'est-il pas quelque peu responsable ? Au début de son article, il parle d' « une fraction importante du socialisme allemand » (p. 957 de l'*Action nationale*); du contingent notable de socialistes allemands » qui vient de « se convertir au colonialisme, au militarisme, au capitalisme peut-être » (page 958). Mais à maintes reprises, M. Andler généralise, parle *du* parti *du* socialisme : « *Le parti* se fourvoie constamment lui-même dans les sophismes sanglants qu'il n'arrive pas à repousser parce qu'il n'arrive pas à les définir » (p. 966). « Il y a désormais en Allemagne un socialisme teutomane, colonial et détrousseur... » « *Le socialisme allemand nou-*

veau sera impérialiste » (p. 1048). « Personne ne soutiendra que les Allemands expatriés assument *ipso facto* tous les risques de leur expatriation, et que le Gouvernement allemand n'ait pas le droit de les protéger. Ce que nous disons, c'est que cet essaimage a pourtant ses limites qui sont présentement méconnues *des socialistes* » (p. 1058). « On conçoit l'attitude *du parti socialiste allemand* dans les dernières années. Il a été tout à fait un parti conquérant dans l'affaire marocaine » (p. 1059). (Affirmation énorme que M. Andler ne justifie point : car ce n'était pas réclamer la conquête par l'Allemagne que s'opposer à la conquête par la France.) « *Le socialisme allemand d'aujourd'hui* absout tout le passé de la politique étrangère allemande » (p. 1063). En tous ces passages, M. Andler ne commet-il pas, à l'égard de ses propres intentions, le « contresens total » qu'il reproche aux autres ?

Ces critiques ainsi généralisées, comment les justifie-t-il ? C'est, bien entendu, à un point de vue purement scientifique, ou historique, non pas au point de vue d'un parti politique quelconque, que j'ai cru et que je crois devoir, dans cette revue, discuter sa méthode.

D'abord il analyse « la doctrine » de Gerhard Hildebrand ; il lui consacre plus du tiers de son article. Or, Hildebrand a été exclu du parti socialiste par le Congrès de Chemnitz, justement à cause de cette « doctrine ». M. Andler affirme que « la décision du Congrès récent tend à nous masquer la situation vraie du socialisme allemand » (p. 959) ; il se plaint « qu'on ne sache plus où se trouve exactement la ligne de démarcation entre ces socialistes qui se jouent de l'idée de guerre et les socialistes d'autrefois » (p. 1048). Mais comment un parti politique pourrait-il tracer une ligne de démarcation plus nette qu'en excluant un théoricien ?

Il me paraît d'une mauvaise méthode d'exposer les idées d'un parti politique en s'appuyant sur la doctrine d'un théoricien exclu à cause de cette doctrine. Que dirait M. Andler d'un Allemand qui exposerait l'idéal du parti socialiste unifié français à l'aide des conceptions personnelles de M. Aristide Briand ou de M. Victor Augagneur ?

A l'analyse des œuvres d'Hildebrand, M. Andler ajoute quelques idées empruntées à des théoriciens ou politiciens autrichiens, qui ne sont pas inscrits au parti socialiste allemand, Hilferding, Karl Leuthner. La méthode, sur ce point encore, est contestable. Pour eux, comme pour les socialistes allemands, il tire de quelques phrases leurs conséquences les plus lointaines ; il déduit plus qu'il n'expose. Par exemple, analysant les idées de Leuthner, il écrit : « Si un François-Ferdinand mettait le feu à l'Europe, il se déduit des propres raisonnements de Leuthner que l'Allemagne lui devrait son appui » (p. 1068). Mais voilà que dans une note ajoutée en post-scriptum, M. Andler reconnaît loyalement que, en de plus récents articles, Leuthner aboutit à une conclusion exactement opposée : « Il est d'avis que l'Allemagne rompe son alliance autrichienne, militairement médiocre, et qu'elle cherche le contact avec les puissances slaves » (p. 1071). Cette méthode déductive est singulièrement dangereuse ; elle a conduit de brillants historiens de la littérature allemande à des erreurs célèbres : la vie ne se laisse pas plier à la logique même des plus ingénieux esprits.

A ces textes de valeur scientifique contestable, M. Andler joint quelques phrases de Bebel qui, « détachées de leur contexte », me paraissent « mal interprétées ». Il veut bien m'apprendre que « détacher des phrases de leur contexte, c'est ce qu'on appelle citer ». Il est vrai. Mais la méthode historique exige que les phrases ainsi détachées correspondent à *l'esprit* de l'article ou du discours tout entier ; sans quoi la citation, même matériellement exacte, n'a aucune portée.

Y a-t-il de telles citations dans l'étude de M. Andler ? Il écrit : « Ce qui est nouveau, c'est que Bebel ait dit au Congrès d'Iéna : « La question du désarmement ne nous sépa- « rera plus à l'avenir. Le mot d'ordre n'est « pas de désarmer, mais d'augmenter les ar- « mements » (p. 1061).

Le lecteur ne peut manquer de comprendre, en lisant cet extrait, que Bebel se déclare ou déclare les socialistes favorables à l'augmentation des armements. Or, cette interprétation est exactement contraire à la pensée de Bebel, qui parle de « l'Europe bourgeoise » et non pas du socialisme allemand. — Même erreur d'interprétation suggérée par l'extrait de la *Leipziger Volkszeitung*, qui se moque de la « manie du désarmement universel » (p. 1062), non par nationalisme, mais par suite de la croyance

que le militarisme disparaîtra à l'avènement du
socialisme. Même erreur d'interprétation suggérée par le passage de M. Andler : « Dès
Amsterdam, Bebel, emporté par son pathétique loyaliste, avait dit que « l'empereur
allemand est au-dessus des partis ». « L'admirable lutteur est fils de sous-officier prussien »,
ajoute M. Andler ; « quand on a cela dans les
veines, c'est pour longtemps ». La citation ne
révèle pas l'esprit du discours, qui n'est pas un
discours *loyaliste*.

Si, de l'étude de M. Andler, on élimine les
théories de Hildebrand et des Autrichiens, et
ces phrases mal interprétées, il reste quelques
textes curieux provenant de Schippel, Quessel,
Südekum, Atlanticus. Ces socialistes demandent que leur parti formule les principes d'une
politique coloniale qui ne soit pas purement
négative (en quoi ils me paraissent avoir tout à
fait raison) ; et ils soumettent à leurs camarades diverses hypothèses en des sens diffé-
rents. Mais ces documents ne suffisent certes
pas à justifier l'accusation d'impérialisme
portée contre « une fraction importante du
socialisme allemand ». Faut-il qualifier d'impérialiste M. Francis de Pressensé disant au

Congrès socialiste de Brest (24 mars 1913) :
« Le parti socialiste n'a pas, je dirai la puéri-
lité et l'enfantillage, de demander que, du jour
au lendemain, ou même dans un avenir limité,
on procède à l'évacuation des anciennes colonies françaises. Nous estimons, au contraire,
que nous avons là des devoirs précis et profonds » ?

M. Andler écrit dans la *Revue du Mois* : « Je
reproche au parti socialiste allemand, par son
opposition monotone et souvent dénuée de discernement, d'avoir trop contribué à l'immobilisme présent et par conséquent au maintien
de l'impérialisme absolutiste et conservateur
qui est au pouvoir ». Mais quand certains
socialistes essayent avec plus de souplesse d'a-
dapter leur action à la réalité présente, comme
en matière coloniale, il les taxe aussi d'impérialistes ! Je ne vois pas comment les socialistes allemands pourraient réussir à éviter
l'un ou l'autre de ces reproches !

Enfin, il se peut que ce soit l'aile droite du
parti socialiste qui soit destinée à croître. Mais
rien n'autorise à penser qu'elle doive, en se
rapprochant des libéraux, renoncer à sa
volonté, si souvent exprimée, de paix interna-

tionale et d'accord avec la démocratie française. C'est le seul point qui importe.

Je vous prie d'agréer, etc.

Félicien CHALLAYE

L'ÉLARGISSEMENT DU DÉBAT

IX. — DERNIÈRE RÉPONSE AU PARTI SOCIALISTE

Ce qu'il y a d' « Impérialisme » dans le socialisme allemand contemporain

J'ai appris de notre cher et éminent Charles Seignobos que la jeunesse a toujours raison. M. Félicien Challaye est mon cadet d'une bonne douzaine d'années. Cela suffit pour que je sois tenté de croire qu'il m'est supérieur ; et me trouvant en dissidence d'opinion avec lui, je ne cherchais une consolation un peu pâle que dans l'idée de ma spécialisation plus ancienne. M. Challaye est de ceux, comme Jean Jaurès parmi les plus anciens, desquels on ne diffère pas d'opinion sans se méfier de soi-même. J'inclinais donc d'avance à penser que j'avais tort. A y regarder de près, je n'arrive pas cependant à m'en convaincre. M. Challaye nous offre une assez bonne correction de copie d'élève. Mais il l'a faite comme ces professeurs qui ergotent sur la propriété des termes et n'apportent aucun fait dans la discussion. Il garde un peu jalousement pour lui son expérience de quinze années. J'ai appris cependant de lui diverses nouveautés. Jean Jaurès avait écrit de moi un jour que je comprenais plus rien à rien, ni du marxisme ni de l'anti-marxisme. M. Challaye m'informe aujourd'hui que je ne comprends plus rien à mes propres intentions. J'ai appris encore davantage : je sais maintenant ce qu'on m'avait caché durant six mois ; je sais en quoi je me suis « lourdement trompé ». Et je dois dire que devant la liste des interprétations inexactes que me reproche M. Challaye, je me suis senti légèrement rassuré.

Je dois désespérer plus que jamais de le convaincre, puisque, selon lui, je ne me comprends plus moi-même. Si en décrivant une série de doctrines qui vont de Gerhard Hildebrand à Karl Leuthner je lui ai paru exposer les idées du parti allemand dans son ensemble, il ne sert plus à rien de parler. Il me paraît manifeste qu'il y aurait un socialisme impérialiste en Allemagne, même s'il n'y avait pas de social-démocratie ; et j'ai décrit ces systèmes impérialistes de socialisme. Ce n'est pas de ma faute, si ces socialistes impérialistes sont aussi presque tous inscrits au parti social-démocratique, lequel, après en avoir exclu un seul, garde les autres. Pour reprendre la comparaison de M. Challaye, mon travail est analogue à celui qu'aurait fait en France un étranger, qui, après le Congrès de Bordeaux et au temps où M. Millerand venait de quitter le parti socialiste unifié, nous aurait offert une description de l'aile droite du socialisme français où siégeaient encore MM. Augagneur, Viviani, Briand, Zévaès, Landry, etc. ; et qui, tout en reprochant au parti unifié sa complaisance pour ces hommes, nous aurait annoncé la naissance prochaine d'un « parti républicain socialiste » destiné à accéder au pouvoir. Cet observateur se serait-il si lourdement trompé ? J'ai dû mettre en cause Karl Leuthner, bien qu'Autrichien, parce qu'il est un socialiste pangermaniste, dont la situation littéraire est tout allemande ; et parce que son action s'exerce surtout en Allemagne par des revues telles que la *Neue Rundschau* ; et j'ai effleuré Hilferding, parce qu'il est un des rédacteurs les plus éminents du *Vorwaerts* berlinois. M. Challaye veut que je les élimine : j'ai peur qu'il ne soit obsédé, lui aussi, d'une logique où serait violentée la vie.

Ceci dit, et quand j'aurai réitéré une fois de plus que ma modeste enquête doctrinale se bornait à une fraction notable de « néo-révisionnistes » que je qualifie d'impérialistes, je ne veux pas nier que j'aie quelquefois incriminé le vieux parti socialiste dans son entier, dans ses chefs et dans sa tactique. Je l'ai fait en passant, non pas dans tous les passages que cite M. Challaye, mais dans beaucoup d'autres. Ce n'est pas que je le confonde avec les révisionnistes impérialistes. Je lui reprocherai aujourd'hui même des fautes nouvelles. Je mettrai d'abord de côté brièvement les trois interprétations que M. Challaye me reproche.

Il appartient à tout le monde de relire ce numéro du 28 septembre 1911 de la *Leipziger Volkszeitung*, et de vérifier si ce journal n'annonce pas ironiquement à Jaurès qu'à son retour d'Amérique il trouvera bien des choses disparues, et notamment tout ce qui est « manie fraternelle de désarmement et autres panacées semblables » (*Abrüstungsbrüdertum und Sonstiges aus dieser Verwandtschaft*) ; et je ne vois pas en quoi j'exagère en disant que c'est là « se gausser ». M. Challaye est assez vieux pour se rappeler le Congrès d'Amsterdam. Il conviendra qu'il vaut mieux « jeter le manteau de la charité chrétienne », comme disent les Allemands, sur les déclarations par lesquelles Bebel, emporté fanatiquement par son mépris de la « République bourgeoise », avait glorifié la monarchie. Bebel a fait quelques instants la joie du Congrès, surpris de la jeunesse vigoureuse et étourdie avec laquelle, une fois de plus, le vieux lutteur s'enferrait. Des interventions amicales et des retouches opportunes ont permis qu'il ne restât pas trop de traces de ce déraillement dans le compte rendu officiel. Et puis il reste la « tarte à la crème » de mes contradicteurs : la phrase à Bebel au Congrès d'Iéna. Redirai-je pour la troisième fois que je n'ai pas trouvé dans le compte rendu officiel publié par le *Vorwaerts* le premier jour, la fameuse phrase : « Le mot d'ordre pour l'Europe *bourgeoise* » est d'augmenter les armements ? Et comment aurais-je traduit la phrase du *Vorwaerts*, qui m'était restée dans la mémoire : « *Von Abrüstung ist fürderhin keine Rede mehr ; nur noch von Aufrüsten.* » (*Vorwaerts*, nº 213, 12 sept. 1911.) Le *Vorwaerts* aussi ferait-il des « citations fausses » ? des « interprétations erronées » ? Serait-il un « faussaire » ? J'ai un peu honte d'avoir à me défendre dans une querelle si enfantine et où l'*Humanité* elle-même a fini par reconnaître que j'étais de bonne foi.

Je n'ai pas cru que Bebel avait voulu donner lui-même le signal des armements nouveaux ; l'obscurité dont M. Challaye veut me faire un contresens est du fait de Bebel, non de mon fait, et il n'est pas possible à un élève moyen de sixième, fût-il du parti socialiste unifié, de se méprendre là-dessus. Mais je veux avouer ici une erreur historique. Je ne l'avais même pas complètement confiée à James Guillaume (*Vie ouvrière*, mars 1913), parce que je ne m'en rendais pas compte. Je ne l'ai apprise que du plus scurrile de mes adversaires, avec lesquels je n'ai garde de confondre M. Challaye, bien qu'il se mêle à eux. Il faut apprendre

même de la scurrilité. J'avoue avoir cru sincèrement que Bebel avait été autrefois partisan
du désarmement. De là ma surprise devant son
discours de 1911. Voilà comment j'ai pu
écrire : « Ce qui est nouveau, c'est que Bebel
ait dit au Congrès d'Iéna : « La question du
désarmement ne nous séparera plus. » En fait,
Bebel n'avait jamais voulu désarmer. Il se
réjouissait à Iéna, d'avoir convaincu sur ce
point d'anciens adversaires ; mais il n'y a là
chez Bebel aucune position nouvelle. J'ai eu
tort d'être surpris ; et je n'avais pas saisi tout
à fait à fond sa « dialectique » matérialiste.
Bebel, au lendemain de la proposition du tsar
sur la conférence de La Haye et sur la limitation des armements, avait bien prononcé un
discours où il faisait remarquer l'importance
peut-être décisive de cet événement ; et c'est
ce discours qui était resté présent à mon souvenir. Mais Bebel, tout en félicitant le tsar de
vouloir désarmer, ne voyait là qu'une manifestation destinée à troubler la bourgeoisie dans
sa certitude militariste ; et, pour le présent, il
aime mieux ne pas même discuter cette manifestation. Il ne veut pas qu'on l'appelle patriote;
mais il promet de prendre le fusil si la patrie

est menacée. Il veut qu'on le croie révolutionnaire, mais il a la coquetterie de ne pas vouloir, même dans les milieux bourgeois, passer pour un utopiste. Il est l"antimilitariste, qui ne veut pas qu'il soit question de désarmement. Il est un internationaliste, qui a gardé le casque à pointe paternel dans le cœur, comme dirait Coppée. Il refuse le budget, mais propose des emprunts pour de nouveaux uniformes et fait de la démagogie dans les casernes en proposant l'amélioration de l'ordinaire et de la solde des sous-officiers. Cette solde sera probablement prise dans le budget qu'il refuse : mais Bebel n'en a cure. Son refus de désarmer pèse aussi probablement au budget. Mais Bebel passe là-dessus avec indifférence. Je n'oublierai plus cette dialectique. Toutefois, si je l'appelle marxiste et allemande, c'est moi qu'on accusera de préventions contre le marxisme et contre l'esprit allemand.

Assez d'anecdotes. Il serait évidemment tout à fait vain d'incriminer ma méthode comme dangereuse, et mon simple article de revue comme anti-scientifique, même si j'avais choisi ou mal interprété une anecdote de détail, quand il est mille fois vrai que j'ai rendu exactement tous les textes et n'en ai pas sollicité un seul. Qu'on en vienne donc au débat véritable. On m'en veut, non pas de mon étude sur le « socialisme impérialiste », qui, dans l'incuriosité doctrinale de tous, n'a intéressé personne (et M. Challaye lui-même n'y a vu que « quelques textes curieux »). On me fait grief de quelques boutades contre le parti socialiste allemand dans son ensemble et contre ses chefs. Pourquoi ces confusions voulues ? Pourquoi ne pas séparer ce qui est distinct ? Je ne refuse pas la discussion sur le nouveau terrain où l'on veut me mener. Et je verse dans le débat les affirmations qu'on va lire, concernant trois questions : 1° la question des armements ; 2° la politique étrangère coloniale ; 3° la guerre et la question d'Alsace-Lorraine. Qu'il soit bien entendu que, cette fois, j'ai en vue tout le parti socialiste, sa droite et sa gauche. Je fais une seule réserve. Je ne parle que de la direction du parti, des chefs qui parlent, et non pas des masses ouvrières qui ne parlent pas, qui manifestent seulement, et que les chefs manœuvrent. On m'a accusé ridiculement de vouloir dresser l'un contre l'autre les deux prolétariats, français et allemand. J'ose dire que cela n'est au pouvoir de personne ; et personne d'ailleurs n'y songe, moi-même moins qu'un autre. L'espoir de tous et le mien sera toujours placé dans l'imperturbable volonté pacifique des classes ouvrières de tous les pays. Mais si quelque chose pouvait égarer cette volonté, ce seraient des fautes comme celle que je dénonce.

1° LES ARMEMENTS. — Il faut perdre une fois pour toutes cette illusion que le parti socialiste allemand est un parti antimilitariste (et de mon côté, j'ai fait l'éloge de l'*Armée nouvelle* de Jean Jaurès, parce qu'elle est un vigoureux effort de pensée socialiste militaire). Voici longtemps que Wilhelm Liebknecht disait à Erfurt (1891, *Protokoll*, p. 204): « La pure attitude de protestation que j'avais prise avant 1870 ne peut avoir qu'une valeur provisoire ; — à la longue, elle lasse et paralyse » .; et récemment Radek (le 7 mai 1912) précisait : « Nous n'avons pas le droit (en matière militaire) de nous contenter d'une action de protestation. » Le parti socialiste allemand a dès maintenant, explicitement et implicitement, un programme militaire positif. Ce programme stipulera la réduction du temps de service, parce que la durée du service crée la mentalité des armées de métier. Mais il ne connaît pas d'autres limites aux effectifs que le chiffre des hommes valides de la nation ; et il ne refuse pas les moyens d'armement les plus perfectionnés. Le parti socialiste a lancé autrefois le mot d'ordre : « A ce gouvernement-ci, pas un homme, et pas un sou. » Un discours célèbre de Wolfgang Heine à Berlin dès 1897 a mis fin à ce malentendu. Il faisait remarquer, qu'un temps viendrait où on ne pourrait plus l'appliquer ; qu'il était impolitique et affaiblissant. « Quiconque en présence des revendications de l'adversaire, déclare d'avance qu'il y répondra toujours, et en tout état de cause, par la simple négation, renonce à l'*objet de compensation* qu'il pourrait obtenir par son consentement. » Les effectifs, les armements sont donc pour le parti socialiste allemand un objet de négociation : en échange, il demande des droits démocratiques. Ces choses ont été débattues dans les Congrès de Hambourg (1897), de Stuttgart (1898) et de Hanovre (1899). Dès Hambourg, Max Schippel affirmait la nécessité du plus solide armement. « Si le système militariste amène une guerre que nous n'aurons pu empêcher, si nous subissons une défaite et s'il arrive que le sang de notre classe ouvrière ait coulé à flots, nous ferions au Gouvernement le reproche de n'être pas intervenu en temps utile. » Auer se gaussait : « Voulez-vous envoyer nos soldats contre l'ennemi armés de bâtons ? » Le vieux militant ajoutait que si l'on voulait faire le procès à Schippel, il fallait faire aussi incriminer Liebknecht et Bebel ; et il s'offrait à être mis en accusation lui-même, comme inféodé aux mêmes opinions.

Au nombre de ces objets de négociation, dès lors Auer faisait remarquer qu'il y aurait un jour les armements navals. « Quand on reconnaîtra à la classe ouvrière l'égalité de ses droits, les devoirs et la responsabilité de cette classe augmenteront ; et il se peut très bien que, du jour où l'on considérera les ouvriers comme un facteur égal aux autres, nous consentions à causer même sur ces questions de marine militaire ». (Discours électoral d'Auer à Hanovre, 9 fév. 1898.) Heine avait dit l'année d'avant : « Il y a des dépenses militaires *nécessaires en elles-mêmes* et qui sont indifférentes à nos idéals et à nos principes. *L'artillerie*

nouvelle, par exemple, serait de ce nombre. »
(*Protokoll* de Stuttgart, 139 ; de Hanovre, 251.)
C'est donc là-dessus qu'on pourra un jour négocier. On ne négociait pas encore alors. Mais
quinze ans ont passé. Ne voyons-nous pas que
le parti, cette année même, a négocié ? Pour
le plaisir de saigner le capitalisme allemand,
n'a-t-il pas accordé deux milliards de dépenses
militaires ? Il n'a pas désiré ces dépenses,
c'est entendu. Mais il les a votées, hommes et
armements. Me sera-t-il défendu de le signaler
et de tirer de là des conclusions ? Le danger de
cette situation n'est-il pas certain ? Oui, le
parti socialiste allemand est pacifique. Mais
Auer, Bebel, Leibknecht, Schippel et avec eux
tous les Congrès sont d'avis qu'une guerre
déclarée contre le vœu des socialistes, ne doit
pas trouver la patrie allemande désarmée. Et
qui sait où s'arrêtera cette guerre ? Cela encore
Schippel l'avait dit en 1899 : « Oui, en première ligne, nous aspirons à la paix ; nous ne
voulons que nous défendre politiquement. Mais,
dans l'éventualité contraire, nous aurons à
porter la guerre par delà les frontières, nous
avons à prendre l'offensive militaire. Notre
défense ne peut en aucune façon consister à

nous entourer d'une muraille de Chine et à faire de là-haut, des pieds de nez à l'ennemi. » (*Protokoll* de Hanovre, 260.) La demande de contrôle contre Schippel fut écartée à l'unanimité du Congrès, moins 4 voix.

Bebel n'a pas dit à Iéna, en 1911, qu'il fallait augmenter les armements. Il a fait mieux. Il a contribué, avec tout son parti, cette année, à augmenter de fait les armements, en échange d'un impôt sur la fortune des riches. Je sais qu'il y a eu, dans quelques journaux socialistes, des protestations ; et aussitôt le *Vorwaerts* s'est élevé contre ces voix, parce qu'elles se joignent à la mienne. Pourquoi donc le groupe socialiste du Reichstag n'a-t-il pas voté contre les crédits militaires ? Son refus aurait rendu nécessaire une dissolution du Reichstag. Il gagnait ainsi plusieurs mois nécessaires à la campagne électorale. Admirable procédé d'obstruction, s'il avait voulu en user, comme les Alsaciens et les Polonais. Mais il risquait gros ; et le péril pour lui était de revenir très diminué. C'est de cela qu'il a eu peur. Il sait, mais n'avoue pas, que dans les quatre millions et demi de voix, dont il se glorifle, il y a des brebis galeuses en foule, toujours tentées de suivre les airs de flûte des bergers impérialistes. Le parti a préféré se diminuer moralement et garder intact le nombre de ses sièges. C'est là le « fait tragique » que je signalais ; et cette situation parlementaire que Heine prédisait en 1897, elle existe donc et n'est plus à venir. Je veux bien que le parti socialiste français soit d'accord avec le parti allemand pour réclamer la même latitude. Mais pourquoi fait-il distribuer des brochures officielles qui tendent à faire croire aux naïfs que le parti allemand a toujours obéi et obéira toujours au principe de n'accorder « ni un homme ni un sou » ?

2° POLITIQUE ÉTRANGÈRE ET COLONIALE. — Il est nécessaire, du point de vue socialiste, que les militants socialistes de toutes les nations soumettent à une critique incessante le Gouvernement de leur pays, surtout en politique étrangère. L'ambassadeur d'un pays étranger en contestation avec une nation donnée doit avoir dans les socialistes du pays où il est accrédité des auxiliaires naturels. Leur rôle n'est pas de renseigner l'ennemi ou de lui livrer des gages, mais d'ouvrir l'opinion de leur pays aux objections quelquefois fondées d'un partenaire loyal. Leur rôle est de donner à l'ambassadeur et au Gouvernement étranger l'impression qu'ils trouveront dans la masse du pays, avec lequel ils négocient, une intention réfléchie de discussion sincère et sans laquelle aucune bonne entente ne peut se préparer. Le Gouvernement allemand a toujours trouvé cette préoccupation de sincérité chez les socialistes français. Cette attitude, mal comprise de beaucoup et systématiquement méconnue des partis adverses, n'est pas une trahison, mais le témoignage d'une haute vertu. La campagne anti-marocaine de Jean Jaurès, malgré des erreurs multiples, a eu à un haut degré ce mérite ; et Jaurès a poursuivi avec ténacité, sous des outrages sans nombre, cette propagande qui, tous les jours avec une lucidité prophétique, nous faisait saisir les dangers d'une politique française qui, au temps du ministère Monis, fut particulièrement inconsidérée. Je sais très bien que Jaurès, dans la passe nouvelle où il est entré, répond aux éloges par des sévérités démesurées. Je ne veux nullement le corrompre ; et ce n'est pas l'espoir de le désarmer qui me fait parler, c'est le souci de ne pas commettre moi-même d'injustice.

Mais cette attitude, fidèlement observée par le parti socialiste français, ne se justifie et ne demeure possible que si elle rencontre dans l'attitude du parti allemand sa contre-partie. M. Jules Cambon et sir Edward Grey auraient dû trouver à leur tour dans les parlementaires socialistes allemands leurs plus utiles appuis. Il n'est pas vrai qu'il en ait été ainsi. Bebel, le 29 mars et le 7 décembre 1905, critiquait sans doute le chancelier de Bülow, mais c'est pour lui reprocher sa négligence et son manque d'énergie devant la France. Par son acharnement à dénoncer dans le traité franco-anglais de 1904 une machine de guerre dirigée contre l'Allemagne, quand M. de Bülow affirmait le contraire en connaissance de cause ; par son insistance à réclamer contre la France une démarche concertée et impérative des puissances signataires du traité de Madrid, Bebel associait les appétits du prolétariat allemand à la cupidité des Sociétés minières allemandes. « Quand dans une situation, ajoutait-il le 7 décembre 1905, pareille à celle qui existe entre l'Allemagne d'une part, l'Angleterre et la France d'autre part, il faut débattre d'un objet qui a eu lui-même une certaine valeur, nous sommes, *nous aussi,* d'avis que l'Allemagne, en présence de tentatives propres à léser les intérêts allemands *même dans la plus faible mesure,* avait pleinement le droit de repousser le préjudice qu'on lui portait. » L'objet du litige était le Maroc, non pas encore territorial, mais commercial. La « porte ouverte » était promise pour trente ans et M. de Bülow savait cette clause renouvelable. Bebel seul crut devoir défendre les « intérêts allemands » plus que le chancelier de l'Empire. Quoi d'étonnant si Bebel, qui en voulait à M. de Bülow d'avoir laissé s'établir au Maroc la prédominance de la France (*Frankreich die Oberherrschaft in Marokko zuerkannt*), ait semblé venir à la rescousse des pangermanistes ? Et de même, n'avait-il pas dit, le 28 mars 1905, en demandant au chancelier des mesures dans la manière forte : « Non seulement nous n'opposerons pas de résistance au Gouvernement de l'Empire, mais nous l'aiderons dans son effort » ? (*Wir werden der Reichsregierung nicht nur keinen Widerstand entgegensetzen, sondern sie in diesem Bestreben untertützen.*) La préoccupation de Bebel, je le sais, était d'abord économique. Mais où trouver de plus fortes garanties que cet engagement de la porte ouverte, consigné dans des traités internationaux, et d'ailleurs jalousement surveillé par la plus tatillonne des diplomaties, celle de l'Allemagne ? Bebel pourtant ne se rassurait point. Dans son discours d'Iéna, en septembre 1911, quand le plus fort de la crise est passé, il pousse sans doute un soupir résigné : « Quand le vœu existerait (chez les Allemands) de se fixer territorialement au Maroc (*sich in Marokko festzusetzen*), et quand ce vœu serait mille fois légitime, songeons que, dans la vie ordinaire, il nous arrive aussi de nous refuser des vœux chers. Et la même chose advient aux nations. » (*Protokoll* d'Iéna, p. 342.) Mais il persistait à trouver fondés les reproches qu'on adressait au Gouvernement français de vouloir empêcher les intérêts allemands de prendre pied au Maroc (p. 336) et réclamait pour l'Allemagne, que personne ne songeait à frustrer, des droits égaux à ceux des autres nations. L'équivoque durable de ses habitudes de langage ne s'est pas démentie un seul instant. Le traité d'Algésiras, par son projet de banque internationale, fut un de ces procédés par lesquels les Gouvernements de l'Europe avaient augmenté, pour l'Allemagne, les chances de l'égalité économique. « Partout où l'on projette des rapines, dit Bebel pour se ménager les applaudissements du Congrès d'Iéna, il faut, bien entendu, qu'il existe d'abord une banque. » Mais ces projets de rapines, ce sont précisément ces « intérêts économiques » allemands, que Bebel avait reproché au chancelier de Bülow de n'avoir pas assez soutenus.

Pour brocher sur le tout, il y eut l'attitude du *Parteivorstand* durant la crise d'Agadir. Ce n'est pas moi, ce sont les socialistes anglais Mac Donald et Hyndman qui ont reproché au parti allemand sa longue passivité. La crise fut aiguë tout de suite. « Si les Français n'ont pas eu le droit d'aller à Fez, le Gouvernement allemand n'avait pas le droit d'aller à Agadir », a dit Bebel depuis, la crise passée. Quand un Gouvernement fait, en matière internationale, ce qu'il n'a pas le droit de faire, il y a danger de guerre.

Le devoir immédiat du *Parteivorstand* était de provoquer la réunion du bureau international de Bruxelles. Au lieu de le comprendre, il a répondu par un refus dilatoire à la question que posait à ce sujet le socialiste Huysmans. Elle est d'une désolante faiblesse, la défense qu'ont tentée là-dessus, au Congrès d'Iéna, Molkenbuhr et Bebel ; c'est une accablante correspondance que celle qui est publiée dans l'appendice du *Protokoll* d'Iéna, p. 464-470. Le *Parteivorstand* a essayé de dire qu'avant le discours de Lloyd George, le 21 juillet 1911, la situation n'était pas critique. La France, seule en face de l'Allemagne, et ayant à dos une Espagne qui venait d'entrer avec elle dans d'aigres contestations, pouvait-elle engager une guerre ? (Discours de Molkenbuhr à Iéna, p. 230.) Admirable raison ! Tant que la situation diplomatique de l'Allemagne reste bonne et promet des chances de victoire, le *Parteivorstand* allemand ne bouge donc pas. Tant que la France a l'Espagne hostile sur ses derrières et n'a personne à ses côtés, Bebel refuse de réunir le bureau international chargé d'organiser la propagande contre la guerre. Quand Lloyd George prononce son sage et pacifique discours, Bebel a le courage de le dénoncer comme une faute grave et, à Iéna encore, il ose l'appeler un « ultimatum » (*Protokoll*,

p. 343). Après avoir tout fait pour que que l'Allemagne ne fût pas éliminée du concert des puissances au Maroc, il s'étonne que l'Angleterre à son tour refuse d'être exclue d'une négociation qui a pour objet ce même Maroc. Du moins, alors, le *Parteivorstand* commence-t-il à voir clair ; s'il croit encore que le *Panther* est à Agadir pour secourir des Allemands molestés dont personne n'a jamais vu trace, il sait désormais que l'Angleterre est en ligne. La situation diplomatique, favorable jusque-là, se gâte à présent pour l'Allemagne ; et aussitôt le *Parteivorstand* de convoquer le bureau international. Il organise les meetings pacifiques et les démonstrations fraternelles au moment précis où Guillaume II, à son retour de Norvège, a mis lui-même une sourdine à sa diplomatie de traîneur de sabre. La situation s'est déroulée exactement comme si le bureau du parti allemand avait voulu venir au secours de cette diplomatie. Ce n'est pas moi qui le dis ; c'est Rosa Luxemburg (je commence à aimer cette femme); ce sont les députés socialistes Ledebour et Karl Liebknecht. Et ce fut un véritable soulagement dans le parti quand, par un de ces soubresauts qui y ont abondé, le conflit marocain sembla de nouveau s'envenimer en août, de façon à sembler justifier les manifestations que le *Vorsstand* avait organisées avec une lenteur de *landwehr autrichienne*.

Nous verrons si l'avenir nous réserve des désillusions analogues. A peine Gerhard Hildebrand avait-il écrit dans sa *Sozialistische Auslandslands-politik*, 1911, p. 27, que la cession du Congo était un « palliatif » et qu'elle préludait à « une répartition nouvelle de toutes les colonies européennes », que Max Schippel, malgré l'excommunication récente des doctrines hildebrandiennes, souhaitait à cet écrit « des lecteurs en foule dans les rangs du parti socialiste » (*Sozialistische Monatshefte*, 1911, p. 1423). Déjà, de l'obscurité des négociations entamées par le prince Lichnowsky à Londres, une occasion nouvelle semble surgir. Le désintéressement de l'Allemagne sur le golfe Persique fait prévoir pour cette puissance des compensations en Afrique. Et déjà Ludwig Quessel pose la question d' « une nouvelle répartition des possessions africaines ». L'impérialisme « pacifiste » nouveau, ni en Angleterre, ni en Allemagne, n'admet que de petites nations, telles que le Portugal et la Belgique, possèdent de grandes colonies. Les grandes nations peuvent les en détrousser, sans péril de guerre, à la condition de s'entendre. Ludwig Quessel, député socialiste au Reichstag, commentant cette éventualité prochaine dans les *Sozialistische Monatshefte* (26 juin 1913, p. 718), ajoute : « Une chose est claire, c'est que chez les impérialistes allemands et anglais, le dessein d'une entente au sujet d'une répartition nouvelle de l'Afrique ne peut se réaliser que par la liquidation du domaine colonial belge et portugais... Bien que la social-démocratie allemande soit hostile à tous les projets qui consistent à augmenter l'Empire colonial allemand, *tout social-démocrate sera cependant curieux* des résultats que mûrira la collaboration pacifique de l'impérialisme anglais et allemand, à présent qu'il est constant que cette collaboration a déjà porté des fruits abondants pour l'Angleterre dans l'Orient proche. » Tout socialiste étranger, français, voire belge et portugais, sera également curieux. Il se demandera jusqu'où va cette « curiosité » des socialistes allemands et où s'arrêtent leurs équivoques de langage. Cette curiosité de la social-démocratie allemande sera-t-elle toute théorique ? ou est-ce l'hostilité aux projets d'augmenter l'empire colonial allemand qui restera théorie pure ? Y aura-t-il de nouveau des interventions socialistes au Reichstag pour demander que les intérêts allemands ne soient pas lésés ? Quessel écrira-t-il de nouveaux articles, comme dans les *Monatshefte* (1912, p. 1126), où il était question de la Mésopotamie ? et, au cas où des morceaux de Congo belge, de Mozambique et d'Angola portugais seraient cédés à l'Allemagne, cultivés par du capital allemand et mis en valeur par des travailleurs allemands, répétera-t-il que le parti socialiste ne peut opposer son *veto* ? S'il le répète, où est la ligne de démarcation entre Gerhard Hildebrand, rejeté du parti, et Ludwig Quessel, député au Reichstag, qui y demeure avec trente autres députés, imbus des mêmes doctrines ? Est-ce moi qui ai la berlue devant ces textes ? Est-ce moi qui « déduis » au lieu d'exposer ? Et si les textes sont parlants, ai-je tort de dire que la tache de corruption impérialiste gagne jusqu'au groupe socialiste du Reichstag ?

3° LA GUERRE ET L'ANNEXION DE L'ALSACE-LORRAINE. — Il me paraît donc probable que le parti socialiste allemand, comme il l'a déjà fait, assistera avec passivité, ou avec sympathie, à des tentatives de pression impérieuses, et tout juste pacifiques, qui consisteront à détrousser d'autres peuples plus anciennement nantis. Il commence à protester quand ces tentatives de chantage mettent la paix en péril. C'est insuffisant, mais c'est quelque chose ; c'est pourquoi ayant écrit moi-même deux fois, que « le parti socialiste allemand est, malgré tout, une incomparable force de paix », je n'ai rien appris là-dessus de M. Challaye. Cette sagesse, chez les socialistes allemands, n'est pas vieille, mais elle est aussi vieille que la guerre de 1870. Karl Marx, en 1849, avait demandé que l'Allemagne dépouillât le Danemark, soutenu par les trois puissances les plus réactionnaires de l'Europe : « la Russie, le Gouvernement prussien et... *l'Angleterre* » (MARX et ENGELs, *Nachlass.*, t. III, 190). Marx encore demandait l'asservissement des Slaves d'Autriche-Hongrie, Tchèques ou Slovènes, et se gaussait d'une démocratie européenne où figureraient des Croates, des Pandours et des Cosaques, d'une démocratie universelle qui enverrait à Paris l'ambassadeur d'une République sibérienne (*Nachlass.*, t. III, p. 251, 252). Telle était la limite de son internationalisme. Mais il y a plus : En 1859, quand l'Italie soutenait contre l'Autriche une guerre vraiment révolutionnaire, c'est contre l'Italie que Marx veut faire marcher les bataillons prussiens et, en défiant Napoléon III sur le Pô, c'est sur le Rhin qu'il entend déchaîner la guerre. Vainement Lassalle lui adresse-t-il des objurgations. Marx ne comprend pas que la France, même napoléonienne, est l'héritière de la Révolution française. Ainsi, même après la longue et machiavélique préparation de l'offensive par l'état-major prussien et par Bismarck, malgré les crimes réitérés de la science allemande contre la France qu'elle méprise et discrédite, les socialistes allemands présentent la guerre de 1870 comme une guerre imposée à l'Allemagne par Napoléon III. Le *Volksstaat* socialiste, le 30 juillet 1870, crie son espérance de voir les ouvriers allemands, « nos frères », mener « avec enthousiasme et courage les armées allemandes à la victoire ». Le Conseil général de l'Internationale écrit que « le complot de guerre de juillet 1870 n'est qu'une nouvelle édition, revue et améliorée, du coup d'Etat de décembre 1851 » ; et, quand déjà les troupes allemandes foulent le territoire français, il ose écrire que « du côté allemand, la guerre est une guerre défensive ». Ainsi commençait cette tactique de faiblesse qui, malgré quelques critiques adressées au Gouvernement prussien, dont la politique déclenchait l'offensive adverse, a soutenu en fin de compte ce Gouvernement dans cette défensive qu'il avait préméditée pour la changer bientôt en marche d'agression. Ainsi est-il tout naturel aussi que Bebel et Liebknecht, au Reichstag de l'Allemagne du Nord, le 21 juillet 1870, aient trouvé en eux, au lieu du courage viril de voter contre la guerre, seulement le veule et incertain courage de s'abstenir.

Il ne m'échappe pas qu'ils ont regretté depuis leur pusillanimité ou leur aveuglement. Ils ont, pour échapper aux reproches fondés de la postérité, protesté contre l'invasion prolongée de la France et contre l'annexion de l'Alsace-Lorraine. Les années de prison qu'ils ont faites les lavent du déshonneur : mais elles ne seront jamais un argument en faveur de leur clairvoyance politique. Il s'agit de savoir ce qu'est devenue, depuis, cette protestation socialiste contre l'annexion de l'Alsace-Lorraine. On l'a vue longtemps paraître dans les Congrès et dans les brochures. J'opposerai à ces protestations platoniques un fait indéniable et surprenant. Le parti socialiste allemand n'a jamais ratifié le démembrement de la Pologne. Aussi les socialistes de la Pologne annexée à la Prusse forment-ils un parti à part, qui a ses Congrès propres ; et il existe même, dans le Schleswig-Holstein, une petite section autonome de socialistes danois. Les socialistes alsaciens-lorrains seuls sont affiliés au parti allemand et siègent dans les Congrès allemands. Cela se concevait au temps où ces socialistes d'Alsace et de Lorraine ne se composaient que d'immigrés. Mais aujourd'hui, il y a un socialisme lorrain, français de langue, un socialisme alsacien bilingue ou patoisant. Mais fût-il cent fois de langue allemande, la protestation durable contre l'annexion exigeait que ces socialistes des districts industriels lorrains ou alsaciens formassent, à leur gré, un parti à part, non dirigé par des Badois tels que MM. Emmel ou Boehle. Si demain l'Allemagne annexait des cantons de la Suisse allemande, ce serait pour les socialistes allemands un devoir de laisser les socialistes suisses annexés siéger dans leurs propres Congrès nationaux. Tant qu'une section autonome ne sera pas constituée pour l'Alsace-Lorraine, j'aurai le droit de dire du parti allemand entier ce que je n'avais dit jusqu'ici que des théoriciens de son aile droite : « Il absout tout le passé de la politique étrangère allemande. »

Je ne suis pas sans savoir que quelquefois, dans des meetings ou dans des Congrès français, on nous produit, comme des phénomènes dans les foires, des Alsaciens renégats qui souscrivent au fait accompli. Je sais et j'approuve que tous les Alsaciens-Lorrains, malgré leur douleur, préfèrent le fait accompli aux horreurs d'une guerre nouvelle. J'admire leur abnégation résignée. Mais ni les déclamations des renégats ni les votes résignés de la Diète d'Alsace-Lorraine ne réparent juridiquement, par une procédure en règle, le droit méconnu. J'accuse le parti socialiste allemand de n'avoir rien fait pour dissiper cette équivoque. Je l'accuse de connivence tacite avec le Gouvernement oppresseur d'Alsace-Lorraine. Aussi bien est-il de notoriété publique que ce Gouvernement, plutôt que de laisser voter les Allemands

immigrés pour des candidats alsaciens du ter-
roir, libéraux ou catholiques, détourne leurs
voix sur les candidats socialistes. Monstrueuse-
ment le parti socialiste en Alsace-Lorraine re-
cueille les voix des fonctionnaires, des hobereaux allemands et des officiers de réserve. Il
les fait siennes, non par une tactique dont le
Gouvernement allemand serait finalement la
dupe et parce qu'il est impossible d'empêcher
les bulletins socialistes de se confondre dans
les urnes avec les bulletins officiels, porteurs
des mêmes noms ; mais parce qu'en effaçant
en Alsace-Lorraine la notion de l'autonomie
nationale, le parti socialiste se fait consciem-
ment l'agent de la germanisation dans les provinces annexées. Je maintiendrai cette affirmation jusqu'à ce qu'il se crée un parti socialiste
alsacien-lorrain, non confondu avec le parti allemand.

Je viens donc de préciser, contre le parti socialiste allemand, des griefs que dans l'*Action
Nationale* de novembre 1912, je n'avais fait
qu'effleurer par quelques menues allusions en-
roulées autour de mon exposé principal. Le
moment est peut-être revenu de me traîner aux

gémonies. Je n'ai pas souhaité cette recrudescence de polémique. Elle m'est imposée par la nécessité de définir mes positions exactes.

Si je dois me résumer, je dirai qu'un parti d'avant-garde, tel que le socialisme, produit de lui-même ses opportunistes ; et les événements se chargent de lui suggérer des tactiques d'opportunité. Spontanément, le parti allemand devrait produire des Gerhard Hildebrand, des Max Schippel, des Ludwig Quessel, comme le parti français a dû produire des Millerand, des Briand, des Viviani, et quelques autres casuistes qu'il aime mieux conserver.

Des événements, difficiles souvent à connaître et à comprendre dans leur vraie nature, et plus difficiles à maîtriser, ont exigé en Allemagne et en France des résolutions hâtives et erronées, d'un caractère opportuniste. J'en ai signalé quelques-unes et j'en ai marqué le danger. Entre l'impérialisme absolutiste, qu'on a fait durer par une opposition stérile, et l'impérialisme mitigé des libéraux, le moyen terme est malaisé à découvrir, j'en conviens. Mais le double péril n'en existe pas moins ; et entre les deux écueils, il faut découvrir, coûte que coûte, une passe sûre. J'ai essayé de poser quelques balises. Cela est bien criminel (1).

Charles ANDLER.

---

(1) La Direction de la *Revue du Mois* clôturait sèchement la discussion par ces lignes : « Nous avons communiqué à M. Félicien Challaye, la nouvelle réponse de M. Charles Andler. M. F. Challaye déclare maintenir ses appréciations en ce qui concerne les articles antérieurs de M. Ch. Andler qui font l'objet de la présente discussion. A la question nouvelle que soulève M. Ch. Andler il s'abstient de répondre dans la *Revue du Mois*. » Il est donné acte à M. Félicien Challaye qu'il n'a répondu ni dans la *Revue du Mois*, ni ailleurs, à l'heure qu'il est ; ce qui donne à penser qu'il maintient ses appréciations de 1913. (Note ajoutée en 1918.)

TABLE DES MATIÈRES

L'ACTION NATIONALE

REVUE MENSUELLE

Directeur : TH. STEEG

Rédaction et Administration :

18, Rue Duphot, PARIS (Ier)

TÉLÉPHONE : GUTENBERG 41,34

PRIX DE L'ABONNEMENT :

FRANCE ET COLONIES :		ETRANGER :	
Un An... **30** fr. »		Un An... **36** fr. »
Six Mois. **15** fr. **50**		Six Mois. **19** fr. »

PRIX DU NUMÉRO : **3** fr. **50**

IMPRIMERIE CENTRALE
... DE LA BOURSE ...
117, RUE RÉAUMUR
... ... PARIS ...

www.ingramcontent.com/pod-product-compliance
Ingram Content Group UK Ltd.
Pitfield, Milton Keynes, MK11 3LW, UK
UKHW022205120726
13694UKWH00002B/417